아고라 볼셰비키 총서 1

레닌과
전위당

레닌과 전위당

아고라 볼셰비키 총서 1

1판 1쇄 발행 2016년 3월 10일

지은이 조지프 시모어
옮긴이 볼셰비키그룹
펴낸이 김찬

펴낸곳 도서출판 아고라
출판등록 제2005-8호(2005년 2월 22일)
주소 경기도 파주시 가온로 256 1101동 302호
전화 031-948-0510
팩스 031-948-4018

ⓒ 볼셰비키그룹, 2016
ISBN 978-89-92055-52-9 04300
        978-89-92055-53-6 04300(세트)

* 이 책은 조지프 시모어가 스파르타쿠스동맹의 정치신문 《노동자 전위》에
1977년부터 1978년까지 연재한 글을 엮은 것입니다.

* 책값은 뒤표지에 있습니다.

레닌과
전위당

조지프 시모어 지음
볼셰비키그룹 옮김

AGORA

차 례

1장
카우츠키주의와 러시아 사회민주주의의 기원

영국의 국제마르크스주의그룹(International Marxist Group)과 현재 사회주의노동자당(Socialist Workers Party)으로 존재하는 국제사회주의자들(International Socialists)은 영국의 '극좌' 진영에서 가장 덩치가 큰 조직들이다. 이들은 볼셰비키 당의 역사를 수정하는 작업을 해왔다. 이들이 지적하는 부분은 멘셰비키에 대한 레닌의 전술 그리고 1914년 이전 시기 볼셰비키 당의 고전적 사회민주주의 성격 등이다. 이들은 이를 통해 민주집중제에 근거한 전위당의 원칙을 부정하거나 애매하게 만들려고 노력해왔다.

국제마르크스주의그룹은 사이비 트로츠키주의 조직인 통합서기국(United Secretariat)의 영국 지부다. 이 조직은 레닌을, 통합을 위해서라면 어떠한 정치적 갈등도 무마시켜버리는 정치인으로 둔갑시키는 놀라운 묘기를 부렸다. 이들은 '볼셰비키와 멘셰비키는 1912년까지 통합 러시아사회민주주의노동당(Russian Social Democratic Labor Party)의 공식 분파였다'고 주장한다. 이 조직이 이렇게 볼셰비키 당의 역사를 수정하는 데에는 특별한 목적이 있다. 영국

좌익 진영의 대통합을 위해 자신들이 부리는 술수를 정당화하려는 것이다. 이들의 노선은 이렇게 표현된다. "레닌과 트로츠키는 자기들 사이에 정치적 차이들이 존재하지만 모두 같은 조직에서 일할 수 있다고 보았다. 그런데 실제로 이들 사이의 정치적 차이들은 현재 영국의 혁명 좌익 진영을 분열시키고 있는 정치적 차이들보다 훨씬 컸다."(《주간 적색》, 1976년 11월 11일) 이 조직의 수정주의와 치사한 전술적 목적에 대해 좀더 자세하게 알고 싶은 독자들은 1977년 7월 1일에 발행된 《노동자 전위》 164호의 「국제마르크스주의그룹이 레닌을 멘셰비키로 변신시키고 있다」를 보면 된다.

볼셰비키 당의 역사를 야심차게 새로 쓴 인물은 노동자주의와 개량주의에 찌들어 있는 사회주의노동자당/국제사회주의자들의 오랜 지도자 토니 클리프(Tony Cliff)다. 클리프의 조직은 '좌익적' 가면을 자랑하고 다니며, 때때로 레닌과 트로츠키의 초상화를 들고 행진에 나서기도 한다. 그러나 이 그룹은 이미 오래전에 8월 4일을 자신의 기념일로 삼았다(8월 4일은 1914년 8월 4일을 의미한다. 이날 독일 사민당은 자국 부르주아 계급의 전쟁 공채안을 받아들여 독일 노동자들을 제국주의 전쟁인 1차 세계대전의 도살장으로 내보냈다. 이 배신 정책으로 혁명적 인터내셔널을 자처했던 제2인터내셔널은 정치적으로 파산했다─옮긴이). 또한 클리프의 조직은 1950년 한국 전쟁이 터졌을 때 영국 내의 엄청난 반공 여론에 굴복하여, 미 제국주의에 대항하여 북한을 방어하기를 거부했다. 그리고 트로츠키주의 운동과 결별했다. 그런데도 이 뻔뻔한 '사회주의' 조직은 레닌의 고전적 저작 『무엇을 할 것인가』(1902년)를 설명하겠다고 나선다.

클리프는 공공연히 멘셰비키주의를 선전해온 반(反)레닌주의자로 유명했다. 그는 1959년에 저술한 『로자 룩셈부르크』에서 이렇게 말하고 있다. "선진국의 마르크스주의자들에게 레닌의 원래 입장은 룩셈부르크(Rosa Luxemburg)의 것보다 참고할 가치가 훨씬 작다." 이 노골적인 발언은 1968년에 발행된 2판에서는 삭제되었다. 그러나 그의 입장은 변하지 않았다.

사실 클리프 추종자들은 유행에 민감한 것을 빼면 시체다. '엄격한' 볼셰비키주의는 1950년대와 60년대에 비해 요즘 좌익 청년층 사이에서 큰 '인기를 누리고' 있다. 그래서 최근 클리프는 얼핏 보면 그가 레닌의 정치적 입장에 공감하고 있는 것처럼 보이는 『레닌 평전』을 집필했다. 세 권으로 계획된 이 책은 현재 두 권이 출판된 상태다. 이 전기에서 그는, 자기와 똑같이 일국적 시야에 갇힌 채 노동자주의에 찌들은 절충주의자로 레닌을 묘사하고 있다. 클리프의 핵심 논지는 '조직 문제와 관련해서 레닌주의 원칙이나 규범은 존재하지 않는다'는 것이다. 그의 말을 들어보자.

조직 형태에 대한 레닌의 태도는 언제나 역사에 입각한 구체성을 띠고 있었다. 바로 여기에 그의 조직론이 지닌 강점이 있다. 추상적이고 교조적인 틀에 그는 결코 얽매이지 않았다. 그는 계급투쟁의 과정을 반영하기 위해 당의 조직 형태를 바꿀 준비가 언제나 되어 있었다.

조직은 정책이나 노선에 종속된다. 그렇다고 이것이 정책이나 노선에 독자적 **영향**을 미치지 않는다는 것은 아니다. 조직 형태는 구체적 상황의 구체적 정책에 종속된다. 또 반드시 그렇게 되어야 한다. 레닌이 다시, 또다시 반복했듯이 진리는 언제나 구체적이다. 이 명제는 구체적인 임무를 수행하기 위해 필요한 조직 형태에도 적용된다.

(강조는 원저자)

쉽게 말해 특정 시점에 잘 먹혀 들어가면 그것으로 충분하다는 것이 클리프의 주장이다.

진정한 레닌주의자는 1914년 이전의 볼셰비키 당 실천보다 코민 테른의 첫 네 개 세계대회들에 구현되어 있는 원칙들을 우선시한 다. 그리고 제4인터내셔널을 건설하는 과정에서 트로츠키는, 1917 년부터 1923년까지의 혁명적 격동 속에서 기본 형태로 발전되어온 레닌주의 개념들을 체계화하고 심화시켰다. 1903년부터 1917년까 지 볼셰비키주의가 발전해온 과정을 부인하는 것은 레닌이 원칙에 입각하여 카우츠키(Karl Kautsky)에 대해 투쟁한 내용을 말소시키는 것과 같다. 또한 트로츠키가 건설한 제4인터내셔널의 민주집중주 의를 1914년 이전의 볼셰비키 당 실천과 대비시키는 것은 트로츠키 의 '연속혁명론'을 레닌의 '노동자·농민 민주독재론'에 대비시키 는 것과 같다.

카우츠키가 주장한 노동계급 전체의 당

"당 건설"이라는 부제가 붙어 있는 클리프의 『레닌 평전』 1권은 1914년에서 끝난다. 이 저서는 카우츠키를 딱 두 번 언급하고 제2 인터내셔널은 전혀 언급하지 않고 있다! 역사를 이렇게 놀랄 정도 로 누락시켰기 때문에 클리프의 레닌 전기는 당 문제에 대한 레닌 의 입장을 진지하게 연구한 작업이라고 볼 수 없다. 우리는 그의 저서를 무시할 권리가 있다.

1905년, 독일사회민주주의당 지도자 아우구스트 베벨(August Bebel)은 볼셰비키와 멘셰비키의 분열을 중재하겠다고 제의했다. 그리고 1차 세계대전 직전에 국제사회주의사무국(International Socialist Bureau)은 두 분파의 '통합 당협의회'를 주선했다. 이 두 사건 사이에 제2인터내셔널 지도부는 러시아사회민주주의노동당의 당 내부 상황에 상당한 영향을 미쳤다. 특히 룩셈부르크와 트로츠키로 대변되는 당 통합파는 러시아 운동 내부에서 이룰 수 없는 것을 독일에 중심을 둔 제2인터내셔널을 통해 이루려 했다.

레닌은 혁명적 사회민주주의자였다. 그리고 클리프가 『레닌 평전』 2권에서 말하고 있듯이 카우츠키는 "당시 생존하고 있던 사회주의 지도자들 가운데 레닌이 존경했던 유일한 인물이었다." (사실 이것은 과장이다. 1905년 카우츠키가 멘셰비키들을 지지했을 때 레닌은 그에 대해 대단히 비판적이었다.) 따라서 당 문제에 대한 레닌의 입장을 이해하기 위해서는 우선 카우츠키의 정통 입장을 이해해야 한다. 카우츠키는 '계급 전체의 당' 또는 '한 계급에 한 정당'을 주창했다. 그의 '계급 전체의 당'은 노동계급 전체를 당원으로 만들자는 것은 아니었다. 노동계급 내의 정치 활동가는 극소수의 엘리트라는 것을 그는 인정하고 있었다. 일정 수준의 사회적 의식, 활동력, 규율 등을 갖춰야 당원 자격을 가질 수 있다는 것을 부인한 사회민주주의자는 아무도 없었다. 다만 스스로를 사회주의 조직으로 간주하는 모든 정치경향들은 단일한 당으로 결집해야 한다는 것이 카우츠키의 사상이었다. 혁명적 사회민주주의자는 비(非)마르크스주의 개량주의자들과 같은 당에 속하면서 때에 따라서는 동지로서 서로 협력해야 한다는 것이 카우츠키의 주장이었다. 그래서 독일 사회민주주의당 지도부는 자칭 개량주의자요 절충주의자였던 프랑스 사회주의자 장 조레스(Jean Léon Jaurès)와도 밀접히 협력한 경우가 여러 번 있었다.

독일사민당 지도자들은 당이 발휘한 정치적 위력의 주요 원천이 당의 엄격한 규율에 있다고 생각했다. 그리고 이 점에 대해 이들은 대단한 자부심을 가지고 있었다. 베벨/카우츠키는 프랑스 사회주의자들의 1905년 재통합에 결정적인 역할을 했다. 이 결과 쥘 게드(Jules Guesde)가 이끈 마르크스주의 정당인 프랑스사회당(Parti Socialiste de France)과 장 조레스의 개량주의 정당인 프랑스사회당(Parti Socialiste Français)은 분열을 극복하고 다시 통합했다.

프랑스 사회주의 진영의 통합 캠페인이 진행되는 동안 제2인터내셔널은 1904년 암스테르담 세계대회에서 결의문의 형태로 '한 계급 한 정당' 정책을 채택했다.

"자본주의에 대한 투쟁에서 노동계급이 모든 역량을 집중하기 위해서는 모든 나라에서 부르주아 정당들에 대항하여 오직 하나의 **사회당**만 존재해야 한다. 왜냐하면 노동계급도 **하나만** 존재하기 때문이다. 따라서 세계대회들에서 확립한 원칙에 기초하여 통합을 달성하는 것이 모든 동지들과 사회주의 조직들의 절대적인 임무다. 이 통합은 노동계급의 이해를 위해 필요하다. 계속되는 분열의 모든 치명적 결과들에 대해서는 해당 개인들과 조직들이 노동계급 앞에서 책임을 져야 한다." (강조는 원저자)

— H. H. 피셔 외 엮음, 『볼셰비키 당과 세계대전』, 1940년

1차 세계대전 전까지 레닌은 이 원칙에 한 번도 도전해본 적이 없으며 가끔은 용인하기도 했다. 1909년 볼셰비키 당이 초좌익 노선의 소환파를 축출했을 때 레닌은 분파의 배타성과 사회민주주의 정당의 포괄성을 대치시키면서 이 조치를 정당화했다(소환파는 의회의 볼셰비키 의원단을 반동적 의회로부터 소환하자고 주장했고, 최후통첩파는 의원단에게 최후통첩으로 혁명적 발언을 하게 만들어 이들의 의회 축출 등을 이끌어내야 한다고 주장했다—옮긴이).

우리 당에서 볼셰비키주의는 볼셰비키 **분파**에 의해 대표되고 있다. 그러나 분파는 당이 아니다. 당은 온갖 범위의 견해들과 견해들의 미묘한 차이들을 포괄할 수 있다. 이 범위의 양극단은 날카롭게 대립할 수 있다. 독일의 당에는 카우츠키의 뚜렷한 혁명 분파와 베른슈타인(Eduard Bernstein)의 초(超)수정주의 분파가 존재한다. (강조는 원저자)
　　—「《프롤레타리》확대 편집부 협의회에 대한 보고」, 1909년 7월

실제로 러시아에서 레닌은 확고한 규율과 통일된 강령에 입각하여 혁명 전위를 수립하려고 노력했다. 그러나 1차 세계대전이 터지기까지 그는 원칙적으로 카우츠키의 '계급 전체의 당' 이론과 결별하지 않았다. 이 변증법적 모순이 해결되는 과정은 레닌주의를 세계사적 사상이자 우리 시대의 마르크스주의로 정립하는 중요한 요인들 가운데 하나였다.

카우츠키의 기회주의 분석

카우츠키의 포괄적 정당 이론은 기회주의에 대한 특수한 역사적·사회학적 이론을 전제로 깔고 있었다. 기회주의 경향들은 소부르주아 민주주의 진영의 유물이라고 주장되었다. 이 진영은 주로 지식인들로 구성되었으며 노동계급의 경제적·이데올로기적 후진성 또는 미성숙의 결과라고 주장되었다. 노동계급과 그 조직이 성장하면 마침내 사회민주주의 진영의 혁명 분파가 강화될 것이었다. 따라서 카우츠키는 장 조레스의 조류를 급진적 민주주의에서 혁명적 마르크스주의로 넘어가는 불가피한 과도적 현상으로 파악하고 용인했다.

카우츠키는 기회주의를 전(前)마르크스주의 경향으로 파악했다. 이 인식은 1848년 혁명 이후 유럽 좌익의 수십 년 역사에서 유래했다. 프루동주의, 라살레주의, 바쿠닌주의 등 마르크스주의에 반하는 주요 경향들은 수공업자 계급이 공업 노동자 계급으로 전락하는 것을 스스로 막으려는 열망이 표현된 것이었다. 이에 대해 마르크스와 엥겔스는 선전과 선동만으로는 수공업자 계급의 공상적 사회주의를 격파할 수 없다고 생각했다. 자본주의 사회가 발전해야 이 경향이 사라질 것이었다. 도시 수공업자 계급이 현대 노동계급으로 변모해야 마르크스주의가 독일의 라살레주의와 프랑스의 프루동주의 등 조야한 경향들을 대체할 수 있다는 것이 제2인터내셔널 내부의 인식이었다. 마르크스주의가 라살레주의, 프루동주의, 바쿠닌주의 등을 극복하는 과정이야말로 기회주의 일반을 극복하는 모델이라고 카우츠키는 생각했다.

개량주의를 역사적 후진성 또는 퇴행으로 보았기 때문에 베른슈타인과의 '수정주의' 논쟁은 제한적 목적만을 가지고 있다고 카우츠키는 생각했다. 그는 장 조레스와 같은 전(前)마르크스주의자나 단순한 개량주의자들과, 마르크스주의를 의식적으로 수정하려는 자들을 명확히 분리해서 보았다. 빅토르 아들러(Victor Adler)에게 보낸 1902년 5월 23일자 편지에서 카우츠키는 벨기에사회당 지도부를 수정주의 비난으로부터 방어했다. 그들은 애초부터 마르크스주의자가 아니었으며 그런 허세를 부린 적도 없다는 것이 그의 주장이었다.

"이들에 대해 나는 편견이 전혀 없다. 이들이 수정주의에 빠졌다는 주장은 나의 공감을 전혀 불러일으키지 못한다. 이들은 수정할 것이 하나도 없다. 왜냐하면 이들에게는 이론이란 것이 없기 때문이다. 수정주의자들은 마르크스주의를 절충적 속류 사회주의 이론으로 변모시키려 한다. 그런데 벨기에 사회주의자들은 이 단계에 아직 도달하지도 않았다. 프루동, 쉐플레, 마르크스 등은 이들에게 모두 같은 인물로 보인다. 이들은 언제나 이렇게 생각해왔다. 이들은 이론적으로 퇴행한 적이 없으므로 비난받을 일이 전혀 없다."
— 게오르그 리히트하임, 『마르크스주의』, 1961년

카우츠키는 베른슈타인에 대항하여 '수정주의' 논쟁을 벌였다. 그에게 이 논쟁의 목적은 제2인터내셔널 내부에서 개량주의 경향이나 실천을 축출하는 것이 아니라 마르크스주의 진영의 사상적 순수성을 보존하는 것이었다. 카우츠키는 이것이 일단 성취되면 계급

투쟁의 발전을 통해 마침내 혁명적 사회민주주의의 승리가 확보될 것이라고 생각했다.

노동계급의 후진성 때문에 사회민주주의의 혁명 분파가 허약하다고 그는 생각했다. 이 때문에 노동계급이 소부르주아 정치 경향을 추종하고 노동자운동의 위력에 대해 자신감을 잃어가고 있다는 것이었다.

대체로 소자본가와 소농계급의 알을 까고 세상에 나온 다수의 노동자들은 오랫동안 이 계급들의 알 껍데기를 뒤집어쓰고 다닌다. 이들은 자신들을 노동자로 인식하기보다는 언젠가 재산 소유주가 될 존재라고 생각한다. …… 이들에 비해 더 발전한 다른 노동자들은 자신들에게 적대적인 자본가에 대항하여 투쟁할 필요가 있다고 인식하기에 이르렀다. 그러나 이들은 자본주의 체제 전체에 대해 전쟁을 선포할 만큼 자신들이 충분한 확신과 위력을 가지고 있다고 느끼지 못한다. 이들은 자본주의 정당들과 정부가 자신들을 구원해주기를 기대한다.

—카우츠키, 『권력으로 가는 길』, 1909년

노동계급, 노동조합 등의 성장은 사회의 객관적으로 혁명적인 세력을 강화시켰다고 카우츠키는 생각했다. 사회민주주의 진영에게 필요한 것은 후진 노동자들을 참을성 있게 교육시키려는 태도였다. 그리고 미래에 혁명 위기가 닥치면 노동자들이 계급의식을 비약적으로 발전시킬 것이라고 예상했다.

그런데 노동운동, 사회민주주의 정당들, 이들의 하부조직인 노동조합 등이 성장하고 강화되면서 사회적 특권층인 관료집단이 등장하고 이들의 보수성이 개량주의의 주요 온상이 되고 있었다. 이 점을 파악한 사회민주주의자는 전쟁 전에는 룩셈부르크밖에 없었다. 그리고 그녀도 이 점을 완전하게 파악한 것은 아니었다.

멘셰비키주의에 대한 레닌의 사회학적 분석

카우츠키의 방법론을 따라 레닌은 멘셰비키주의를 19세기 소부르주아 급진주의가 노동운동으로 확대된 것으로 인식했다. 그는 멘셰비키들을 '지식인' 경향으로 간주하고, 그들이 노동자운동 바깥에 존재한다고 생각했다. 이 때문에 그는 혁명적 사회민주주의당과 개량주의 사회민주주의당의 공존을 생각할 필요 없이 이들로부터 분리해 나올 수 있었다. 러시아 노동계급 내에서 사회민주주의 조직이 성장하면 볼셰비키주의의 승리는 확보될 것이라고 그는 확신했다.

레닌은 1903년의 마르토프그룹을 과거 자유로운 개인주의적 혁명 지식인들의 태도와 가치관이 표현된 조직으로 간주했다. 그리고 진정한 노동자 정당의 건설에 대항하여 서클 정신이 반항을 일으킨 것으로 보았다.

그럼에도 불구하고 우리는 당의 질병을 성장 과정의 고통이라고 생각한다. 위기의 근본 원인은 서클에서 당의 형태로 사회민주주의의 정치생활이 옮겨가는 것에 있다. 당 내부 투쟁의 핵심은 서클 정신과 당 정신 사이의 갈등이다. 그리고 이 질병을 떨쳐버릴 때에만 우리 당은 **진정한** 당이 된다. …… 마지막으로 우리에게 반대하는 당 중핵들은 일반적으로 주로 지식인들로 구성된 우리 당의 분자들이다. 지식인은 언제나 노동자보다 개인적인 성향이 더 강하다. 이것은 이들의 생활과 노동의 조건 때문이다. 이들은 대규모로 노력들이 결합되는 것과 직접 관련이 없다. 이들은 조직된 집단적 노동을 통해 교육을 받지 않는다. 따라서 지식인 분자들은 당 생활의 규율에 적응하기가 더 어렵다. 이들 가운데 규율에 따라가지 못하는 자들은 자연스럽게 조직의 필요 규제에 대해 저항의 수위를 높인다. (강조는 원저자)

—「당에게 보내는 메시지」, 1904년 8월

이와 같은 방식으로 레닌은 1908년부터 1912년까지 지하당의 존재를 반대했던 멘셰비키의 청산주의를 지식인 대 노동자의 구도로 분석했다.

지하 활동으로부터 제일 먼저 도망친 자들은 부르주아 지식인들이었다. 이들은 반혁명 분위기에 굴복했다. 이들이 한때 사회민주주의 노동계급 운동의 '동반자'였던 것은 분명하다. 그것은 그들이 유럽의 경우와 같이 부르주아 혁명 과정에서 …… 노동계급이 수행하는 사회 해방의 역할에 매력을 느꼈기 때문이다. 다수의 마르크스주의자들은 1905년 이후 지하활동을 떨쳐버리고 지식인들을 위해 마련된 모든 종류의 합법적이고 안락한 구석에서 자리를 잡았다. 이것은 잘 알려진 사실이었다.

—「베라 자술리치가 청산주의를 분쇄하는 방법」, 1913년 9월

멘셰비키주의에 대한 레닌의 사회학적 분석은 철저히 옳았다. 1903년의 마르토프그룹은 실제로 구 혁명 지식인들의 습성을 보여주었다. 이 점과 관련해서 베라 자술리치(Vera Zasulich)를 생각하게 된다. 1905년 혁명이 실패로 끝나면서 닥친 반동의 시기에 지식인들은 당을 버리고 부르주아 세계의 품위 있는 지위로 도망쳤다. 부분적으로 멘셰비키의 청산주의는 이 현상을 표현했다. 그러나 레닌이 잘못 본 것이 있었다. 멘셰비키 경향은 노동운동 **외부에 주로 존재**하는 정치집단이 아니었다. 이들은 제2인터내셔널 전체, 특히 여기에 소속된 대중정당들의 개량주의를 미리 보여주었다. 1차 세계대전 와중에 『제국주의론』(1917년)을 저술하게 만든 연구 과정을 통해서야 비로소 레닌은 노동운동 **내부에 존재**하는 기회주의의 뿌리를 노동계급 상층부에 위치한 노동관료집단에서 찾을 수 있었다.

《이스크라》 경향

1883년 플레하노프(Georgii V. Plekhanov)는 당시 러시아 혁명 운동을 주도한 인민주의 경향과 결별하고 극히 소규모의 망명 정치집단인 노동해방그룹을 결성했다. 바로 이때부터 러시아 마르크스주의의 조직 운동이 시작되었다. 1880년대 후반부터 90년대 초까지 러시아의 마르크스주의 운동은 소수의 선진 노동자들을 교육시키기 위한 지역별 선전 서클로 구성되어 있었다. 1890년대 중반에 이 서클들은 파업의 주요한 물결에 개입하기 위해 대중 선동으로 전환했다. 이 전환은 부분적으로 유대인노동자그룹에 의해 영감을 받았다. 유대인들의 끈끈한 민족적 단결을 통해 유대인 마르크스주의 지식인들은 러시아사회민주주의 운동 전체보다 한 발 앞서서 유대인 노동자들을 조직할 수 있었다.

그런데 대중 선동으로의 전환은 급격하게 개량주의 운동으로 추락했다. 레닌과 마르토프(L. Martov) 등 비교적 경험이 풍부한 마르크스주의 지도자들이 투옥된 것도 이 부정적 현상의 한 요인이 되었다. 이 운동에 적대적이었던 플레하노프는 이 경향을 경제주의라고 이름 붙였다. 이 운동은 선동을 기본적 노동조합적 요구로 한정하고 부르주아 자유주의를 수동적으로 지지하여 차르의 절대주의를 개혁하려 했다. 국제 사회민주주의 운동의 차원에서 보았을 때 러시아 경제주의자들은 정통 마르크스주의에 적대적이었고, 결과적으로 독일의 베른슈타인주의, 프랑스의 가능주의(possibilisme)와 느슨하게 연결되었다. 1890년대 후반에 경제주의는 러시아 사회민주주의 운동 내에 지배적인 경향으로 자리 잡았다.

1900년에 러시아 마르크스주의의 2세대 지도자인 레닌과 마르토프는 선구적 1세대 지도자인 플레하노프, 악셀로드, 자술리치 등과 결합하였다. 그리고 노동해방그룹의 강령에서 구현된 혁명 전통으로 러시아 사회민주주의 운동을 다시 되돌려놓았다. 마르크스주의 혁명 경향은 《이스크라》 중심으로 결집했다. 레닌은 《이스크라》그룹의 조직가였다. 그는 러시아 내부에 조직원들을 보냈다. 이들의 임무는 각 지역의 사회민주주의 위원회들을 통째로 《이스크라》 강령으로 획득하거나 필요하면 분열시켜 이 가운데 일부를 이 강령으로 획득하는 것이었다. 처음으로 《이스크라》가 러시아 사회민주주의 정당의 조직 중심이 되었다.

레닌은 경쟁 조직들을 분열시켜 혁명 분자들을 자기 조직으로 획득하는 전술을 성공적으로 구사했다. 그러자 경제주의자들은 독일 사민당은 베른슈타인 분파를 축출하지 않았다고 레닌을 비판했다. 기회주의자들을 사회민주주의당에서 배제시키는 자신의 행위를 레닌은 원칙에 입각하여 올바로 주장하지도 않았고 어떤 의미에서는 주장할 수도 없었다. 대신 그는 러시아 당 상황의 특수성들을 예로 들면서 자신의 정치적 행위를 합리화했다. 이것이 자신의 분열 전술을 정당화하는 방식이었다. 1차 세계대전이 터지기까지 레닌은 러시아의 특수성을 이런 저런 측면에서 제시하면서 통일된 강령을 가진 혁명 전위를 조직하는 것을 정당화시켰다.

그렇다면 경제주의자들을 배제하고 러시아사회민주주의노동당을 건설해야 한다는 레닌의 주장은 어떤 내용이었을까? 독일 당은 강력한 혁명 전통과 권위 있는 지도부를 보유하고 있다. 이에 비해 러시아 당은 아직도 당의 맹아에 지나지 않으며 쉽게 기회주의에 감염될 수 있다. 독일 당의 지도자 베벨/카우츠키는 혁명 노선을 가지고 있으나 베른슈타인 세력은 당내에서 소수에 머물고 있다. 이에 비해 러시아 경제주의자들은 일시적으로나마 사회민주주의 운동을 지배하고 있다. 독일의 '수정주의자들'은 당 규율을 준수하는 반면 러시아의 경제주의자들은 당의 규율을 인정할 능력이 없다. 그리고 어쨌든 러시아 당은 중앙집중적 조직이 아니다. 이 일련의 주장들은 1902년에 발표된 『무엇을 할 것인가』에 제시되어 있다.

러시아에서 혁명적 사회민주주의자에 대한 기회주의자들의 태도는 독일의 경우와 정반대다. 이 점을 주목하는 것이 중요하다. 독일에서 …… 혁명적 사회민주주의자들은 현상 유지를 찬성한다. 이들은 보편적으로 알려져 있는 오랜 강령과 전술을 옹호한다. …… '비판자들'은 변화된 내용들을 도입하고 싶어한다. 그런데 이들은 영향력이 거의 없는 소수에 불과하며, 자신들의 수정주의 노력에 대해 매우 수줍어하고 머뭇거린다. 그래서 다수파는 '혁신'을 무덤덤하게 거부하는 것으로 기회주의에 대한 비판을 제한한다. 이것은 이해하기 어렵지 않다. 그러나 러시아에서는 현상 유지를 찬성하는 쪽이 비판자들과 경제주의자들이다. '비판자들'은 우리가 계속 자신들을 마르크스주의자로 간주하기를 원하고 자기들에게 '비판의 자유'를 보장할 것을 원한다. 이 비판의 자유를 이들은 완벽하게 즐기고 있다(왜냐하면 사실 이들은 **당**과 관련된 어떤 유대관계도 인정해본 적이 없다. 더욱이 충고를 통해 비판의 자유를 '규제'할 수 있는 당 기관이란 것도 우리에게는 일반적으로 있어본 적이 없기 때문이다). (강조는 원저자)

일반적으로 알려져 있듯이 『무엇을 할 것인가』는 《이스크라》 경향을 천명하는 권위 있는 발언이었다. 그런데 클리프는 레닌에게 공감을 표시하는 듯한 모양새를 취하면서도, 노동자주의와 멘셰비키주의에 너무 찌들어 있어서 이 저작의 내용을 받아들이지 못한다. 사실 그가 『레닌 평전』에서 주장하는 핵심은 '1902년의 논쟁은 과장되고 일면적이었으며, 레닌은 이후 자신의 입장을 부인했다'는 것이다.

우선 클리프는 레닌의 입장을 속류화시킨 후 자기가 만든 허수아비 레닌에 대해 논쟁을 벌인다.

일반적으로 경제투쟁과 정치투쟁을 이분법으로 가르는 것은 마르크스에게는 이질적인 것이었다. 마르크스의 용어 사용법에 따르면 부문적인 경제적 요구는 '경제적'으로 규정되었다. 그러나 이와 동일한 요구가 국가에 대해서 제기되면 이것은 '정치적'이다. …… 다수의 경우에 경제적 (부문적) 투쟁은 정치적 (계급 전체의) 투쟁을 초래하지 않는다. 그러나 이 둘 사이에는 만리장성이 놓여 있지 않으며 **진실로** 다수의 경제투쟁들은 정치투쟁으로 비화한다. (강조는 원저자)

경제주의자들이 정부 정책에 무관심하다고 레닌이 비판한 적은 없었다. 러시아 경제주의자들은 국가의 경제개혁을 요구하며 선동했고 민주적 권리, 특히 조직 결성의 권리를 지지했다. 그리고 이 목적을 달성하기 위해 이들은 자유주의자들을 수동적으로 지지했다. 『무엇을 할 것인가』에서 레닌은 경제주의자들의 정치 강령을 공격한다. 그 강령은 '경제투쟁 자체에 정치적 성격을 부여한다'는 구호로 집약되어 있었다.

'경제투쟁 자체에 정치적 성격을 부여한다'는 것은 '입법적·행정적 조치들'을 통해 이 직종별 요구들을 만족시키고 각 직종의 노동조건을 개선시키려고 노력하는 것을 의미한다. …… 이것은 노동조합들이 그 동안 언제든지 해왔고 지금도 하고 있는 바로 그런 활동이다. ……

따라서 그렇게도 '대단하게' 심오하고 혁명적인 것처럼 들리는 이 '경제투쟁 **자체에** 정치적 성격을 부여한다'는 과시적인 표현은 사실 사회민주주의 정치를 노동조합 정치의 수준으로 **격하시키는** 전통적

인 노력을 은폐하는 수단으로 봉사할 뿐이다! (강조는 원저자)

레닌에게 정치적 계급의식 또는 사회주의 의식은 노동계급이 스스로 지배계급이 되어 사회주의를 기초로 하여 사회를 재건하려는 필요를 인식하는 것이었다. 이보다 못한 것은 모두 노동조합 의식이었다.

여러 노동자주의자들과 사민주의자들과 마찬가지로 클리프 역시 레닌의 저 유명한 발언, 즉 '사회주의 의식은 혁명적 지식인들에 의해 외부에서 노동자들에게 제시된다'를 공격하지 않을 수 없었다. 레닌의 이 말은 정치적 계급의식은 노동조건을 개선하기 위한 노동계급의 투쟁 자체에서 비롯되는 것은 아니라는 것이다. 이 문제에 대해 클리프가 『레닌 평전』에서 말한 멍청한 발언을 들어보자.

레닌의 이 표현이 자연발생성과 의식성 사이의 차이를 지나치게 강조했다는 사실은 의심의 여지가 없다. 왜냐하면 사실 자연발생성과 의식성을 완전히 분리시키는 것은 기계적이며 비변증법적이기 때문이다. 나중에 보겠지만 레닌도 이 점을 인정했다. 순수한 자연발생성은 실제 생활에서는 존재하지 않는다. ……

자연발생성과 의식성을 기계적으로 대치시키는 논리는 투쟁을 통해 이미 등장한 노동계급 지도부의 **실제** 분자들을 당과 완전히 분리시키는 논리였다. 자연발생적 투쟁이 제기할지 모르는 모든 문제들에 대해 당이 해답을 가지고 있다고 이 논리는 가정했다. 투쟁 중에 있는 다수 대중의 맹목성은 몇 명에 불과한 지도자들의 전지전능과 대응된다. (강조는 원저자)

레닌의 발언이 의미하는 것과 의미하지 않는 것을 이해하기 위해 문제가 되고 있는 그의 발언을 전부 인용하는 것이 중요하다.

노동자들 사이에는 **아직도** 사회민주주의 의식이 **존재할 수 없다**고 우리는 말했다. 이 의식은 오직 외부에서 그들에게 제시될 수 있을 뿐이다. 자기 자신의 노력만으로는 노동계급은 노동조합 의식을 발전시킬 수 있을 뿐이다. 즉 고용주에 대항하기 위하여 그리고 정부로 하여금 필요한 노동 입법을 통과시키도록 강제하기 위하여 등 노동조합을 통해 단결할 필요성을 스스로 인식할 수는 있다. 이것은 모든 나라의 역사가 보여주고 있는 바다. 그러나 사회주의 이론은 철학, 역사, 경제 등의 이론에서 나왔다. 이 이론은 유산계급들의 교육받은 대표들인 지식인들에 의해 정교하게 다듬어졌다. 현대 과학적 사회주의의 창시자인 마르크스와 엥겔스는 사회 출신으로 보면 부르주아 지식인 집단에 속해 있었다. 러시아에서도 이와 유사하게 사회민주주의 이론은 노동운동의 자연발생적 성장과는 대단히 독립적으로 등장했다. 이 이론은 혁명적 사회주의 지식인 집단 사이에서 일어난 사상 발전 과정의 자연스럽고도 불가피한 결과였다. (강조는 원저자)
　　　　　　　　　　　　　　　　　　　　—『무엇을 할 것인가』

이것은 강령적 발언이 아니다. 그저 조직 문제와 밀접한 관련이 있는 역사 분석일 뿐이다. 사회주의 운동은 공업 노동자들의 경제적 대중조직의 발달보다 앞서 등장했다. 사회주의 운동은 부르주아 혁명 운동의 조류들 가운데에서 발생했다. 프랑스의 블랑키 경향이 대표하는 바뵈프의 전통과 독일의 의인동맹이 바로 이 예에 속한다. 영국의 경우를 제외하면 최초의 노동조합들은 과거 중상주의적 수공업자 길드 제도가 변모되면서 등장했다.

예를 들어 독일 혁명 시기인 1848년에 슈테판 보른(Stephan Born)이 결성한 전독일노동자형제단은 대중 노동조합 운동이었으나, 전통 길드 구조에 기초하고 있었다. 노동조합 맹아 조직의 지도자들은 일반적으로 서민 사회 내부에서 전통적인 권위를 갖고 있는 인물들이었다. 토리 당의 급진주의자 J. R. 스티븐스(J. R. Stephens) 같은 감리교 목사들이 19세기 초 영국 노동자운동에서 상당한 지도력을 행사한 것이 이런 맥락에서다. 리옹의 저항적 비단 노동자들 등 최초의 프랑스 노동조합들에서는 가톨릭 신부들이 그와 유사한 역할을 했다. 대부분의 나라들에서 초기 노동자조직 지도자들과 겨뤄 혁명적 지식인들이 정치적으로 승리했기 때문에 사회주의 노동운동이 등장할 수 있었다. 레닌이 『무엇을 할 것인가』를 저술했을 때 러시아 노동계급의 경제적 대중조직들은 주바토프(Sergei V. Zubatov)와 같은 경찰 주도의 노동조합이었다. 이들 가운데 가장 뛰어난 지도자는 가폰(Georgy Gapon) 신부였다.

노동계급의 의식과 지도부는 역사를 통해 질적으로 변화를 겪었다. 레닌은 이 점을 이해한 변증법의 도사였다. 미국의 중요한 예외를 제외하면, 부르주아 자유주의의 환상과 무지몽매를 재생산하는 종교와 관련된 노동조합 경제주의는 이제 더 이상 세계 노동계급의 지배적 이데올로기가 아니다. 선진 자본주의 국가들에서 노동계급을 부르주아 질서에 가두고 있는 것은 사회민주주의 및 스탈린주의 노동관료들이 주도하는 사회개량주의다. 후진국가들에서는 페론주의나 나세르주의처럼 사회주의적 색채를 가미한 인민주의적 민족주의가 노동 대중을 지배하는 부르주아 이데올로기의 특징적 형태다.

1902년, 러시아에서는 소수 선진 노동자들과 결합한 탈계급적 지식인들이 통일된 강령에 입각하여 소규모 마르크스주의 전위를 구성했다. 이들은 경찰 노동조합과 러시아정교회로부터 노동 대중을 분리시킬 수 있었다. 현재 사민주의자들과 스탈린주의자들의 개량주의 그리고 인민주의적 민족주의로부터 세계의 노동계급을 분리시키기 위해서는 국제 트로츠키주의 전위가 필요하다. 이 전위는 초기 단계에서는 상대적으로 극히 수가 적은 선진 노동자들과 결합된 탈계급화된 지식인들로 구성될 수밖에 없다.

클리프의 주장과는 정반대로 『무엇을 할 것인가』는 당 문제에 대한 레닌주의의 확정적 발언으로 간주될 수 없다. 이 저작의 날카로운 표현에도 불구하고 1902년 논쟁을 위해 저술된 이 저작은 1914년 이전에 널리 인정되었던 정통 사회민주주의의 경계를 넘어서지 않고 있다. 만약 이 저작이 사회민주주의와의 급격한 결별을 의미했다면 플레하노프, 마르토프 등은 이 저작을 결코 승인하지 않았을 것이다. 1903년의 분열이 있은 후에야 마르토프, 악셀로드 그리고 그 외의 멘셰비키 지도자들은 『무엇을 할 것인가』에서 이들이 주장했던 바 대리주의 및 블랑키주의 개념들을 발견했다. 볼셰비키와 멘셰비키의 분열을 초래한 것은 『무엇을 할 것인가』에서 표현된 사상이 아니라, 기회주의, 서클 정신에 입각한 파벌주의 그리고 혁명적 러시아사회민주주의노동당을 건설하는 데 장애가 되는 것들 모두에 대한 레닌의 비타협적인 실천 투쟁이었다. 이 저작은 굉장히 레닌주의적이어서 클리프로서는 도저히 좋아할 수가 없다. 볼셰비키주의에 대한 적대감이 너무나도 큰 나머지 그는 레닌이 혁명적 사회민주주의자였을 때조차 레닌을 거부할 수밖에 없다. 실제로 1902년의 『무엇을 할 것인가』는 1917년 이후 완벽히 개화한 공산주의의 표현이 아니다. 다만 이 완벽한 공산주의 사상을 앞서 선보인 것(anticipation)에 불과하다.

흔히 좌익 운동권은 『무엇을 할 것인가』를 당 문제에 대한 레닌주의의 확정적 언명이라고 간주한다. 예를 들어 미국의 막스 샤흐트만(Max Schachtman) 추종자 브루스 랜도(Bruce Landau)는 《혁명적 마르크스주의 문서》 8호에서 클리프가 쓴 『레닌 평전』을 비판적으로 평론했다. 그는 《이스크라》 시기를 집중적으로 조명하면서 자신의 분석을 정당화시키기 위해 레닌의 정치 발전에 대한 트로츠키의 견해를 인용하고 있다.

> 바로 이 짧은 기간에 레닌은 이후 레닌의 모습을 지니게 되었다. 물론 이것은 그가 이후에 정치적으로 더욱 발전하지 않았다는 얘기는 아니다. 이와 반대로 그는 1917년 10월 그리고 이후에도 정치적으로 계속 성장했다. 그러나 이후의 성장은 진정한 의미에서 이 시기 그의 정치적 성장의 유기적 연속에 불과했다.
> ─트로츠키, 『레닌에 대하여: 전기를 위한 노트』, 1924년

여기서 트로츠키는 레닌의 사상과 이 사상의 강령적 표현이 아니라 레닌의 정치적 개성의 발전에 대해 말하고 있다. 레닌이 공산주의 사상, 즉 진정한 레닌주의를 발전시킨 결정적 시기는 1914년부터 1917년까지였지 1900년부터 1903년까지가 아니었다.

2장
볼셰비키주의 대 멘셰비키주의

러시아사회민주노동당 2차 당 대회는 1903년 7월부터 8월까지 브뤼셀과 런던에서 차례로 열렸다. 포괄적인 강령에 입각하여 중앙 집중주의 정당을 건설하려는 《이스크라》 경향에게 이 대회는 절정을 의미했다. (1898년에 열린 이 당의 공식 창립 1차 당 대회는 경찰 탄압의 요인도 작용하여 러시아 사회민주주의 운동의 지역적 선전 서클의 성격을 바꾸지는 못했었다.) 당 대회는 경제주의자들을 배제하지 않았으나 《이스크라》 지지자들이 결정적인 다수를 차지하도록 준비되었다. 《이스크라》그룹은 46명의 전체 대의원 가운데 약 3분의 2를 차지했다. 나머지 3분의 1 가운데 절반 정도가 《이스크라》 경향을 반대했다. 이들 가운데에는 유명한 경제주의자들(마르티노프, 아키모프)과 반(半)민족주의적 유대인노동자연합 등이 포함되었다. 후자는 유대인 노동계급의 유일한 대표를 자임하면서 연방주의적 당 구조를 요구했다.

당 대회 초기에는 《이스크라》 경향의 확고한 다수파가 승리했다. 미래에 멘셰비키가 될 인사들이 포함된 《이스크라》 경향은 나중에 레닌주의로 규정될 요소들이 있는 강령을 만장일치로 지지했다. 예를 들어 강령의 "노동조합 투쟁에 대하여" 부분에는 이런 내용이 담겨 있다.

이 투쟁이 사회민주당의 지도를 받는 정치투쟁과 분리될 경우, 노동계급 투쟁은 역량이 분산되고 유산계급들의 이해에 종속되게 될 것이다.

—로버트 맥닐 엮음, 『소련공산당 결의문들과 문서들』, 1974년

《이스크라》그룹은 겉보기에는 강력하게 단결한 듯이 보였으나 실제로는 내부에 상당한 갈등을 안고 있었다. 무엇보다도 각각 레닌과 마르토프를 중심으로 하여 그룹이 양분될 가능성이 있었다. 마르토프는 일관되게 러시아 운동의 경향들에 대해 레닌보다 유화적인 입장을 보였다. 당 대회가 시작되기 전에 이미 마르토프는 '온건파'《이스크라》로, 레닌은 '강경파'《이스크라》로 인식되었다. 《이스크라》 지지자들 중, 통일된 당에서 기타 경향들이 좀더 큰 역할을 하는 것이 바람직하다고 생각했던 사람들은 자연스럽게 마르토프를 지도자로 간주했다. 반면 당이 엄격하게 통제되기를 바랐던 지지자들은 레닌을 지도자로 생각했다.

레닌의 '강경파'와 마르토프의 '온건파' 사이의 갈등은 당 대회 시작부터 사소한 분쟁들을 일으켰다. 잘 알려져 있듯이 이 갈등은 당원 자격을 규정하는 당 규약 1조에서 폭발했다. 마르토프의 규약 초안은 '당 기구의 지도하에 정기적으로 개인적 지원을 제공하는' 자로 당원을 규정했다. 레닌의 당원 기준은 '당 기구에 직접 참여하

는 것'이었다.

레닌이 당원 자격을 이렇게 엄격하게 규정한 것은 기회주의자들을 당에서 배제시키기를 원했기 때문이다. 또한 서클의 느슨한 성격 때문에 사회민주주의 운동에 매력을 느낀 아마추어 혁명가들을 솎아내려는 것이었다. (사실 기회주의자들이 조직 활동에 전적으로 헌신하는 어려움과 위험을 받아들일 가능성은 별로 없었다.) 여기서 흥미로운 사실이 하나 있다. 엄격한 당원 규정의 반(反)기회주의 경향을 강조한 인물은 바로 플레하노프였다. 반면 레닌은 현실과 상황을 좀더 강조했다. 플레하노프는 핵심적으로 이렇게 주장했다.

"다수의 지식인들은 부르주아 개인주의에 오염되어 있기 때문에 입당을 두려워할 것이다. 그러나 이것은 좋은 일이다. 왜냐하면 이 부르주아 개인들은 모든 종류의 기회주의를 대표하기 때문이다. 따라서 기회주의를 반대하는 사람들은 레닌을 지지해야 한다. 그의 규정은 기회주의가 당에 침투하는 통로를 닫아버렸다."
—레오폴드 하임슨, 『러시아 마르크스주의자들과 볼셰비키주의의 기원』, 1955년

이에 반해 레닌은 약간 다른 근거를 제시했다.

마르토프를 지지하는 동지들은 당 활동의 주요한 해악을 무시할 뿐 아니라 신성화하는 근원적 오류를 범하고 있다. 지금은 정치적 불만이 거의 모든 곳에 만연해 있으며 우리의 활동은 완전히 비밀리에 진행되어야 한다. 또한 지금은 활동의 대부분을 제한된 비밀 서클과

개인적 모임들로 한정해야 한다. 이 상황에서 말만 늘어놓는 분자들을 진지하게 활동하는 분자들과 구별하기는 대단히 어렵거나 거의 불가능하다. 이것은 우리에게 아주 불리한 조건이다. 이 두 부류들이 흔해서 무한한 혼란을 초래하는 **나라는 러시아 외에 거의 없을 것이다.** …… 말만 늘어놓는 한 명이 당원의 권리와 기회를 갖는 것보다 활동을 진지하게 하는 열 명이 당원을 자임하지 않는 것이 더 나을 것이다. 이것은 의심의 여지가 없다. 바로 이 원칙이 나를 마르토프에 대항시킨다. (강조는 인용자)

—「당 규약 토론 중 두 번째 연설」, 1903년

경제주의자, 유대인노동자연합, 중도주의자 등의 지지를 얻어 마르토프의 당원 규정이 통과되었다. 그러나 경제주의자들과 유대인노동자연합은 대회가 조직 문제와 관련하여 자신들의 주장을 받아들이지 않자 망설임 없이 대회장에서 철수했다. 이 때문에 레닌의 '강경파'는 근소한 차이로 다수의 위치를 차지할 수 있었다. 그러나 결정적인 분열은 《이스크라》 편집위원회 구성 문제로 일어났다. 구 편집위원회는 마르토프의 '온건파' 4명에 레닌과 플레하노프로 구성되어 있었다. 레닌은 자신과 플레하노프가 다수가 될 수 있도록 편집위원을 3명으로 줄이자고 제안했다. 이것은 대단히 감정적인 문제였다. 왜냐하면 악셀로드와 자술리치 등 노장들을 동정하는 분위기가 당내에 크게 자리하고 있었기 때문이다. 레닌의 제안이 받아들여지자 마르토프와 그의 지지자들은 편집위원회나 중앙위원회 참여를 거부했다.

당 대회 전에 레닌이 마르토프에게 편집위원회 축소 방안을 미리 알렸는지, 또는 이에 대해 마르토프가 동의했는지 등을 둘러싸고 험악한 논쟁이 일었다. 편집위원회 구성을 둘러싼 투쟁의 배경은 그 전모가 불투명하다. 왜냐하면 당 대회가 열리기 전까지는 주로 개인적 차원에서만 논의가 진행되었기 때문이다. 그러나 한 가지만은 분명하다. 이 문제에 대해 레닌이 타협을 거부한 것은 당원 규정을 둘러싼 표결 때문이었다는 것이다. 분파투쟁을 시작한 사람도 당연히 레닌이었다. 그는 당원 규정에 대한 견해 차이가 우연이라고 생각하지 않았으며 이것이 당의 주요 기구들에서 다수파와 소수파를 가르는 근거가 되어야 한다고 주장했다.

2차 당 대회와 1905년 혁명 사이의 시기에 레닌의 '강경' 다수파는 수가 점점 줄어들었다. 이 시기 내내 레닌은 멘셰비키에 타협하여 당 통합을 원했던 자기 지지자들을 공격하는 데 대부분의 시간을 할애했다. 이들이 당 대회의 결정사항들을 번복하고 볼셰비키 경향을 청산시키는 오류를 범하고 있기 때문이었다.

1903년 10월 러시아혁명적사회민주주의망명자동맹 대회에서 멘셰비키들은 당 대회 패배 이후 처음으로 반격에 나섰다. 이들은 이 대회에서 근소한 다수를 확보했다. 대회가 제2차 당 대회에서 선출된 주요 당기구들의 권위를 인정하지 않자 볼셰비키들은 대회장에서 철수했다. 이것으로 볼셰비키와 멘셰비키의 분열은 돌아올 수 없는 다리를 건넜다.

플레하노프는 이 분열에서 볼셰비키 분파를 지지했다. 그러나 원칙의 문제라기보다는 순전히 조직 문제 때문에 분열이 확정되는 것을 원치 않았다. 11월 볼셰비키 분파 회의에서 그는 이렇게 토로한 것으로 전해졌다. "동지들에게 총을 쏠 수는 없다. 당이 분열되느니

차라리 내 머리에 총알이 박히는 것이 더 낫다."(새뮤얼 배런, 『플레하노프: 러시아 마르크스주의의 아버지』, 1963년) 그리고 자신의 권한을 행사하여 구 편집위원회의 마르토프 지지자 4명을 《이스크라》 편집위원회에 앉혔다. 레닌은 이에 대한 항의 표시로 편집위원을 사임했다.

1904년, 볼셰비키들만으로 구성된 당 중앙위원회는 플레하노프의 노선을 따랐다. 이때 레닌은 《이스크라》 편집위원 자리에서 물러난 후 중앙위원회에서 일하고 있었다. 지식인 망명자 집단보다 러시아 국내 대중조직 위원회들에서 자신의 영향력이 더 크다고 믿었던 그는 다수파 지위를 재확립하고 멘셰비키 기관지로 돌변한 《이스크라》를 되찾을 목적으로 새로운 당 대회를 촉구했다. 이에 중앙위원회는 레닌의 주장을 거부한 후 멘셰비키 3명을 중앙위원으로 불러들였다. 이 때문에 실질적으로 레닌은 중앙위원회에서 축출당했다.

1904년 후반부에 레닌은 당의 공식 중앙기구들과 완전히 결별한 후, 다수파위원회사무국(Bureau of Majority Committees)을 수립했다. 이것은 실질적으로 볼셰비키 중앙위원회였다. 1905년 초 볼셰비키들은 기관지 《전진》을 발간하기 시작했다.

분파투쟁의 논리는 이제 멘셰비키들을 우경화시켰다. 차츰 이들은 패배한 경제주의자들의 노선을 모방하기 시작했다. 마르토프와 플레하노프는 구 《이스크라》에 대한 자기비판적 글을 작성했다. 여기서 이들은 경제주의자들에 대한 공격이 일면적, 즉 레닌주의적이었다고 고백했다. 마르티노프가 새 《이스크라》 편집위원으로 들어오면서 멘셰비키들과 경제주의자들은 유기적으로 통합되었다.

레닌주의자들은 정치적으로나 조직적으로 멘셰비키들에 대한 투쟁을 과거 경제주의에 대한 《이스크라》 경향의 투쟁과 같은 성격으로 간주했다. 레닌의 부관 리야도프는 1904년 하반기에 볼셰비키 지지자에게 경제주의에 대한 투쟁을 다시 시작할 것을 지시했다.

> "우리는 당에서 나가지 않고 모든 역량을 집중해 투쟁할 것이다. …… 당 중앙기구들이 반대파들에 의해 장악되었다 할지라도 러시아 국내 위원회들을 우리 편으로 끌어들여야 한다. 《이스크라》가 한때 했던 것을 우리도 해야 한다. 《이스크라》 경향의 활동을 반복하고 완성시켜야 한다."
> ─J. L. H. 키프, 『러시아 사회민주주의의 등장』, 1963년

1905년 초 레닌은 멘셰비키 지도자들이 구제불능이며 조직적으로 원칙이 없는 기회주의자들이라는 생각을 굳혔다. 그래서 그는 완전한 조직 분리를 촉구했다. 경제주의자들에 대한 정책과는 달리, 레닌은 멘셰비키 지도자들을 새로운 당 대회에 참여시키지 말아야 한다고 주장했다. 그는 그 당 대회를 통해 볼셰비키 당을 창립할 생각이었다.

멘셰비키 중앙은 당 대회에 초청될 수도 있고 초청되어야 한다. 그러나 반복해서 강조하건대 이들에게 투표권을 주는 것은 미친 짓이다. 물론 이들은 우리 당 대회에 오지 않을 것이다. 하여간 이들이 우리 얼굴에 침을 뱉을 기회를 한 번 더 줄 이유가 있는가? 이 위선적 숨바꼭질을 해야 할 이유가 무엇인가? 우리는 조직 분열을 공개화하

고 《전진》 지지자들을 당 대회에 소집한다. 우리는 이들을 중심으로 당을 조직하고 당을 분열시키는 자들과 **어떤** 관계도 즉시 단절한다. 그런데도 당에 대한 충성이라는 헛소리를 우리는 귀에 못이 박히도록 듣고 있다. 마치 《이스크라》와 《전진》의 통합 당 대회가 가능한 것처럼 행동하라는 것이다. (강조는 원저자)

—「보그다노프와 구세프에게 보내는 편지」, 1905년 2월 11일

레닌이 예상한 대로 멘셰비키들은 3차 당 대회에 불참할 것을 선언했다. 이 대회는 1905년 4월에 런던에서 열렸는데 멘셰비키들은 자신들만의 회의를 따로 소집했다.

1904년의 레닌주의는 어떤 정치적 성격을 가지고 있었는가? 무엇보다도 혁명적 사회민주주의 투쟁, 특히 차르 절대주의에 대한 투쟁에서 노동계급 정당의 지도적 역할에 대한 확고한 헌신을 의미했다. 또한 경제주의 지도자들처럼 입증된 기회주의자들에 대한 비타협적 태도와 이들이 혁명 노선으로 되돌아올 수 없다는 신념을 의미했다. 레닌은 중앙집중적이고 규율에 입각한 당의 건설 그리고 러시아 운동에 만연한 서클주의와 파벌주의에 대한 비타협적 투쟁에 모든 것을 걸었다. 당원 요건을 둘러싼 문제를 제외하면, 1904년 볼셰비키주의와 멘셰비키주의의 차이점들은 서로 상반된 원칙의 문제라고 말하기 어려웠다. 차이점들은 구체적 조직 문제와 관련하여 드러났다. 따라서 카우츠키와 같은 국외자들 대부분은 두 경향 사이의 분쟁이 원칙이 아니라 정도의 차이에서 비롯되고 있다고 인식했다.

멘셰비키를 지지한 트로츠키의 논쟁

1903년부터 1904년까지 레닌에 대한 온갖 비난이 난무했다. 이런 상황에서 트로츠키가 쓴 「우리의 정치적 임무Our Political Tasks」는 악셀로드, 플레하노프, 룩셈부르크 등이 작성한 글들보다 훨씬 영향력이 적었다. 그러나 나중에 위대한 혁명가로서 트로츠키가 행사한 권위 때문에 온갖 개량주의자들과 중도주의자들은 1904년에 그가 쓴 이 논쟁적 글에 중요성을 부여했다. 토니 클리프는 자신의 시론(試論) 한 편 전체를 트로츠키가 「우리의 정치적 임무」에서 말한 '예언'에 할애했다. 그는 트로츠키가, 레닌의 조직 개념이 당이 "노동계급을 대신하게 유도할 것"이라고 예상했다고 말한다 (「대리주의에 대한 트로츠키의 언명」, 《국제사회주의》, 1960년 8월). 특히 클리프와 같은 사민주의 좌파들은 트로츠키가 '레닌주의는 기필코 스탈린주의를 초래할 것'이라고 예견했다고 주장한다. 그러면서 항상 다음 글을 인용하곤 한다.

> 당내 정책에서 레닌주의 방법론은 당 기구가 당 자체를 대체하고 중앙위원회가 당 기구를 대체하고 마침내 독재자가 중앙위원회를 대체하는 결과를 가지고 올 것이다.
>
> —트로츠키, 「우리의 정치적 임무」

반면 스탈린주의자들은 「우리의 정치적 임무」를 활용하여 '소련 관료집단에 대한 트로츠키의 적대감은 회개하지 않는 멘셰비키주의에 불과하다'고 주장한다.

이 논쟁적이며 유명한 트로츠키의 글은 물론 러시아 마르크스주의 선구자들에 대한 감상적 애착에 크게 영향을 받았다. 이 때문에 레닌에 대한 주관적 적대감을 상당히 드러내고 있는 것도 사실이다. 그러나 이 측면을 제외하면 그의 글은 레닌에 대한 룩셈부르크의 비난 글과 마찬가지로 당 문제에 대해 카우츠키의 사상을 극단적으로 몰아붙였다. 트로츠키는 길고 긴 교육 활동을 통해 노동계급 전체를 사회민주주의 의식으로 견인하는 것이 당의 임무라고 바라보았다.

하나의 방법은 **노동계급을 대신하여 생각하는 것**이다. 즉 노동계급을 정치적으로 **대신하는 것**이다. 또 다른 방법은 노동계급에게 정치교육을 실시하고, 이들의 정치적 추동을 도모하는 것이다. 이를 통해 모든 정치 그룹들과 당들의 의지에 일관된 압력을 가하는 것이다. ……

당은 노동계급의 **현재 주어진 의식**에 기초하여 모든 거대한 정치 사건에 개입한다. 이를 통해 노동계급의 이해를 도모하는 쪽으로 운동의 방향을 바꾸려 한다. 그리고 더 중요한 것은 이들의 의식 수준을 높이고 여기에 기초하여 이 두 가지 목적을 증진시키는 데 사용하는 것이다. (강조는 원저자)

이 글에서 트로츠키는 악셀로드의 영향을 크게 받고 있다. 후자는 이 글에서 빈번하게 인용되는데 이 당시 당 대회가 아닌 대단히 포괄적인 '노동자 대회'를 소집할 것을 촉구했다. 그의 요구가 받아들여졌다면 태어난 지 얼마 되지도 않은 허약한 러시아사회민주노동당은 실질적으로 청산되었을 것이다.

노동계급 전체가 사회주의 의식을 성취할 때까지 국가권력 장악 투쟁을 미루는 것은 이 투쟁을 '아예 오지도 않을 먼 훗날로 기약 없이 미루는 것'과 같다. 왜냐하면 자본주의에서 노동계급의 압도적 다수는 부르주아 이데올로기를 완전히 극복할 수 없기 때문이다. 따라서 혁명 전위당은 적극적으로 투쟁하는 노동자들을 지도해야 한다. 그러나 이 노동자들조차 단편적이고 일관되지 못하며 일시적인 사회주의 신념밖에 갖고 있지 못하다.

이 시기에 레닌은 멘셰비키들을 공격하는 주요 저서 『일보전진 이보후퇴』(1904년 5월)를 집필했다. 이 책에서 레닌은 악셀로드/트로츠키의 입장에 대해 간략히 응답한다.

노동계급의 전위인 당을 계급 전체와 혼동하지 말아야 한다. 그런데 악셀로드 동지야말로 이 혼동을 부추기는 죄를 범하고 있다. (이것은 러시아의 기회주의인 경제주의 일반의 특징이다.) ……

우리는 계급의 당이다. 따라서 거의 **계급 전체**(그리고 전쟁, 내전 시기에는 계급 전체)는 우리 당의 지도를 통해 투쟁하고 가능한 한 당에 밀착해야 한다. 계급 전체 또는 거의 전체가 자본주의에서 전위인 사회민주주의 당의 혁명의식과 투쟁 수준에 도달할 수 있다고 생각하는 것은 '대중추수주의'다. (강조는 원저자)

그런데 여기서 주의할 것이 있다. 당과 계급의 관계에 대한 레닌의 개념은 아직도 카우츠키의 '계급 전체의 당' 개념에서 완전히 탈피하지 못하고 있다. 왜냐하면 그는 노동계급에 기초한 단 하나의 당만을 상정하고 있기 때문이다.

완벽한 혁명의식을 갖지 못한 대중을 노동조합, 공장위원회, 소비에트 등을 통해 혁명정당이 지도하는 것은 대리주의가 아니다. 바로 이것이 혁명 전위의 임무다. 비당원 대중의 지지 없이 전위가 부르주아 계급에 대해 군사 행동에 나설 때 이것을 대리주의라고 한다. 대중 다수의 지지가 없는데도 봉기를 일으키거나 테러나 게릴라 투쟁에 돌입할 때, 또는 개량주의 노동조합에서 떨어져나와 공산주의 소수파 노동조합을 건설할 때 또는 총파업에 들어갈 때 대리주의는 자신의 모습을 드러낸다. 1921년 독일공산당의 3월 행동(March Action)이 아주 좋은 예다. 멘셰비키들은 볼셰비키들을 블랑키주의자라고 반복해서 비난했다. 그러나 볼셰비키들은 그런 모험주의 투쟁을 해본 적이 없었다. 1차 세계대전 직전에 이미 볼셰비키들은 러시아 공업 노동자들로 구성된 대중정당을 수립하고 있었다. 조직 정도도 지극히 미미하고 온갖 잡다한 정치분자들이 뒤섞인 멘셰비키들보다 훨씬 앞서서 대중을 지도하고 있었던 것이다. 이 상황에서 대리주의를 들먹이는 것은 어불성설이었다.

어쨌든 레닌주의에 대한 트로츠키의 초기 논쟁을 활용하려는 자들은 트로츠키가 이 당시 자신의 멘셰비키 및 화해주의 입장을 나중에 자기 비판했다는 사실을 상기해야 한다. 『나의 생애』(1929년)에서 트로츠키는 1903년 당 대회에 대해 이렇게 말했다.

레닌과 나의 결별은 '도덕적' 또는 개인적 근거로 발생했다. 그러나 이것은 단순히 표면적으로만 그랬다. 결국 이 결별은 정치적이었고, 조직 방식의 영역에서만 표출되었다. 나는 스스로를 중앙집중주의자라고 생각했다. 그러나 구 체제에 대한 전쟁에서 수백만 대중을 지도하기 위해서 얼마나 치열하고 강압적인 중앙집중주의를 혁명정당이 필요로 할 것인가를 나는 그 당시 제대로 인식하지 못했다. 이 점은 조금의 의심도 없이 명백하다.

이후에 트로츠키는 「우리의 정치적 임무」가 재발간되는 것을 결코 허락하지 않았다. 그리고 스탈린주의자들이 정치권력을 장악하기 전에 출판된 그의 러시아어 저작집에서도 이 글은 확실히 제외되었다.

룩셈부르크가 레닌을 비판한 이면

로자 룩셈부르크는 독일사민당의 이론지 《신시대》와 멘셰비키가 장악한 《이스크라》에 「러시아 사회민주주의의 조직 문제들 Organizational Questions of Russian Social Democracy」을 실었다. 아마도 이것이 1903년 분열 직후 레닌을 비판한 논쟁 가운데 가장 비중이 큰 저작일 것이다. 이 글은 분열과 관련된 직접적 사안들과 개인적 반박 등에서 한발 물러나 있으며 피상적으로 통합을 주장하지도 않는다. 레닌과 룩셈부르크 사이의 이견은 러시아 운동의 문제, 임무, 전망뿐 아니라 조직 문제 일반에 걸쳐 존재한다. 어떤 경우든 이견의 핵심은 기회주의의 성격과 이것에 대항하는 방법 등에 있다.

우선 러시아 사회민주주의 운동 내부의 기회주의에 대한 이들의 견해 차이를 잠시 살펴보자. 1905년 혁명 이전에 레닌은 기회주의의 주요 위험을 차르 절대주의와의 화해로 보았다. 그러나 룩셈부르크는 야당인 혁명적 부르주아 민주주의에 러시아 노동자를 종속시키는 것이 기회주의의 위험이라고 보았다. 레닌에게 기회주의자는 차르 사회와 재빨리 개인적으로 화해하려는 아마추어 혁명가이거나 노동조합 관료가 되기를 열망하는 자였다. 그러나 룩셈부르크에게 기회주의자는 정권을 실제로 장악하려는 부르주아 급진주의 선동가였다. 프랑스에서 한때 블랑키를 추종했다가 부르주아 급진당의 지도자가 된 조르주 클레망소(Georges Clemenceau)의 러시아판을 그녀는 생각했다.

1901년부터 1904년까지 레닌이나 《이스크라》에게는 경제주의가 바로 기회주의였다. 이 조류는 최소 강령에 입각한 노동조합 선동, 자유부르주아에 대한 수동적 추종, 지역적 조직 형태의 반영, 개인주의 활동 등이 마구잡이로 섞인 것이었다. 룩셈부르크도 레닌만큼이나 순수 조합주의에 반대했다. 그러나 경제주의가 러시아의 진지한 기회주의 경향 또는 노동계급에 대한 영향력을 놓고 혁명 세력과 경쟁하는 경향이라고 생각하지는 않았다. 그녀는, 조직 문제에서 레닌이 주요한 적으로 본 경제주의의 서클 정신과 비조직적 개인주의는 러시아 운동이 특정 단계에서 치러야 하는 경상비용이라고 생각했다. 사회주의 신념으로 무장된 노동자들이 소수일 때에는 지역 차원의 느슨한 선전 서클은 정상적이며 어떤 의미에서는 건강한 조직적 표현이라고 그녀는 믿었다.

사회주의 운동의 준비 단계에는 선전이 주요 활동이며 지역 차원의 고립된 그룹과 클럽이 조직 유형이다. 이 단계에서 러시아의 광대한 영토 전체에서 일관된 정치투쟁을 수행하는 대규모 전국 통합 조직이 어떻게 탄생할 것인가? 이것이 바로 러시아 사회민주주의가 상당 기간 고심한 구체적인 문제다.

자율과 고립은 구 조직의 가장 뚜렷한 특징이다. 따라서 포괄적인 전국 조직을 원하는 분자들이 '중앙집중주의!' 를 구호로 내거는 것은 이해할 수 있다. ……

사회민주주의적 중앙집중주의를 실현할 수 있는 **필수불가결한** 조건들은 다음과 같다. 1. 정치투쟁으로 훈련된 다수 노동자층의 존재. 2. 공공생활, 당 신문, 공공 대회 등에서 직접 영향력을 행사하여 노동자들이 스스로 정치활동을 영위할 수 있는 가능성.

이 조건들은 러시아에서 **아직 완전하게 성숙되지 않았다.** 자신의 계급적 이해를 의식하고 스스로 정치활동을 조직할 수 있는 노동계급 전위는 지금 러시아에서 모습을 보이고 있을 뿐이다. 사회주의 선동과 조직 등 모든 노력은 첫 번째 조건인 이 전위 형성에 맞추어져야 한다. 두 번째 조건은 정치적 자유가 주어진 정권 하에서만 가능하다. (강조는 인용자)

— 로자 룩셈부르크, 「러시아 사회민주주의의 조직 문제들」

지역 차원의 서클에서 중앙집중화된 전국 정당으로 서서히 전환할 수 있다는 그녀의 신념은 레닌의 사고와 대치되었다. 그리고 이 뿐이 아니었다. 그녀의 논리는 당의 분열 이전 《이스크라》 경향의 외부 그리고 이 경향의 오른쪽으로 그녀를 위치 지었다.

앞에서 표현된 그녀의 사고는 러시아 제국의 지배를 받고 있던 폴란드에서 그녀가 실제 운영했던 조직적 실천과는 약간 다르다. 그녀와 요기헤스(Leo Jogiches)가 지도한 폴란드-리투아니아왕국 사회민주주의그룹은 소규모였으나 대단히 중앙집중화된 선전 조직 이었다. 그리고 레닌의 볼셰비키 당과는 달리 그녀의 조직은 종파주의와 초좌익 노선 등 심각한 오류들을 범했다(1977년 3월 25일에 발행된《노동자 전위》150호의 「민족 문제에 대한 레닌과 룩셈부르크의 대립」을 참고하라).

그녀가 지도했던 조직의 모습 때문에 그녀의 글을 액면 그대로 받아들이기는 힘들다. 비록 동기가 매우 다르기는 했지만 그녀의 폴란드 사회민주주의 운동은 유대인노동자연합만큼이나 조직적 자율성을 귀중히 여기고 있었다. 그녀는 2차 당 대회에 두 명의 참관인을 보내 러시아 제국 전체를 포괄하는 정당 내에서 자신의 조직이 광범위한 자율을 행사하는 것을 협상했다. 레닌의 중앙집중적 정당론은 최소한 원칙상으로는 룩셈부르크 조직의 매우 귀중한 조직적 자율권에 도전하는 것이었다.

룩셈부르크와 레닌은 서로 반대쪽에 서서 러시아 기회주의를 바라보았다. 룩셈부르크는 러시아 사회민주주의 지식인들이 사회주의 수사를 동원하는 급진 부르주아 정당을 수립하여 노동계급의 혁명의식이 발전하는 것을 억누를지 모른다고 우려했다. 그녀는 부르주아 계급에 영합하는 기회주의의 가장 강력한 원천은 멘셰비키주의가 아니라, 바로 레닌의 중앙집중주의라고 생각했던 것이다. 차르 절대주의에 대한 투쟁을 사회민주주의가 지도해야 하며 사회민주주의 당을 전문 혁명가들이 지도해야 한다는 것이 레닌의 주장이었다. 룩셈부르크를 비롯한 레닌의 반대파는 이 주장을 부르주아 급진 정당을 수립하려는 주장으로 받아들였다.

사실 이 시기에 멘셰비키들은 레닌주의자들이야말로 사회민주주의의 탈을 쓴 부르주아 급진주의자들이라고 자주 비난했다. 예를 들어 멘셰비키 지도자인 포트레소프는 볼셰비키들을 클레망소의 부르주아 급진당원들에 비유했다. 차르 체제를 타도하고 권력을 장악한 후 노동계급을 억압하려는 급진 부르주아 지식인들의 무의식적 욕구가 레닌의 '자코뱅주의'로 나타났다고 룩셈부르크는 생각했다. 그래서 그녀는 포괄적이고 느슨한 사회민주주의 운동을 옹호했다. 이런 조직 형태가 한때 블랑키 추종자였던 클레망소 같은 급진 부르주아 참주선동가들의 발호를 막을 수 있다고 그녀는 생각했다.

레닌이 자기 것이라고 주장하는 견해를 가정한다면 그리고 노동계급 운동에 미치는 지식인들의 영향력을 두려워한다면 레닌의 조직 노선은 러시아 당에 가장 큰 위험이 된다고 생각할 수밖에 없다. 젊은 **노동운동을 권력에 굶주린 지식인 엘리트들에게** 가장 확실하게 속박시키는 것이 바로 이 관료적 족쇄다. ……

러시아에서 곧 터질 혁명은 노동계급 혁명이 아니라 부르주아 혁명이다. 이 점을 잊지 말아야 한다. 혁명의 성격은 노동계급 투쟁의 모든 조건들을 급격하게 수정시킨다. 러시아 지식인들 역시 부르주아 이데올로기에 빠르게 감염될 것이다. 사회민주주의는 지금 러시아 노동계급의 유일한 안내인이다. 그러나 혁명이 일어난 후 부르주아 계급, 특히 부르주아 지식인들이 대중을 권력으로 가는 징검다리로 삼는 모습을 보게 될 것이다.

현 단계에서 노동계급 선진 부위의 자연발생적 행동, 주도성, 정치적 감각 등은 계속 발전해야 한다. 그런데 그러지 못하고 권위주의적 중앙위원회의 독재자에 의해 이 발전이 저지되고 억제된다면 **부르주아 참주선동가**들의 권력 장악 게임은 더 수월해질 것이다. (강조는 인용자)

—앞의 글

1904년에 레닌을 공격했던 룩셈부르크의 핵심 전제는 차르 절대주의가 곧 부르주아 민주주의 체제로 바뀔 것이라는 가정이었다 ("러시아에서 곧 터질 혁명은 부르주아 혁명이다."). 바로 이 때문에 급진적 의회주의 참주선동이 사회민주주의 운동 내부 기회주의의 주요한 표현이 될 것이라고 그녀는 예상했다. 룩셈부르크의 이런 판단이 잘못된 것이었음은 1905년 혁명으로 인해 입증되었다. 이 혁명은 부르주아 자유주의가 철저히 비겁하고 무기력하다는 것을 증명했다. 또한 러시아 제국의 유일한 혁명적 민주주의 세력은 사회민주주의 세력이라는 점도 입증했다.

1905년 혁명이 진행되는 동안 룩셈부르크는 멘셰비키들이 입헌 왕당파인 입헌민주당을 추종했다고 비난했다. 이 때문에 그녀는 레닌의 볼셰비키 당과 정치적으로 가까워졌다. 차르 타도 투쟁에서 노동계급 정당이 지도적 역할을 해야 함을 레닌과 함께 인정한 룩셈부르크/요기헤스의 조직은 1906년 볼셰비키들과 동맹을 맺었다. 1912년까지 지속된 이 동맹으로 인해 레닌은 공식 통합된 러시아사회민주노동당에서 지도적 지위를 부여받았다. 1907년에 열린 5차 당 대회에서 룩셈부르크는 '온건한' 유보조건을 달기는 했지만 볼셰비키 당의 당원 요건을 옹호했다.

"볼셰비키 당 조직의 협소성, 비타협성, 기계적 개념으로의 경사 등에 대해 우파 동지 여러분은 격렬하게 불평한다. 여러분의 의견에 우리는 동의한다. …… 그러나 여러분은 무엇이 이 불편한 경향을 초래하는지 알고 있는가? 다른 나라 당의 상황에 익숙한 동지들은 이 경향을 아주 잘 알고 있다. 동등하게 강력한 다른 부위에 대항하여 노동계급의 독립적 이해를 방어해야만 하는 혁명적 사회주의 부위가 보이는 전형적 태도가 바로 이 경향으로 나타난다. 다른 부위가 형체도 없는 젤리로 변해 사건들의 압력에 견디지 못하고 우왕좌왕할 때 혁명을 옹호하는 반대편 부위는 경직성을 보일 수밖에 없다."

—J. P. 네틀, 『로자 룩셈부르크』, 1966년

1905년 혁명부터 1912년까지 그리고 1차 세계대전 발발 후 1919년 1월 스파르타쿠스단의 봉기로 암살될 때까지, 룩셈부르크는 볼셰비키 당과 끈끈한 동맹 관계를 유지했다. 자유주의자들과 개량주의자들은 이 측면을 체계적으로 숨겨왔다. 대신 반공 논리를 펴기 위해 그녀가 1904년 레닌을 공격했던 논쟁은 완벽하게 활용해왔다. 예를 들어 많은 이들에게 판매되고 있는 '공산주의와 마르크스주의 연구를 위한 앤 아버 보급판 시리즈'는 룩셈부르크의 「러시아 사회민주주의의 조직 문제들」을 다시 출간하면서 "레닌주의인가 마르크스주의인가?"라는 문구를 달아 레닌을 비하했다.

개량주의 좌파와 중도주의자들 다수는 레닌의 민주집중적 전위당이 후진국가들에서만 유효한 것으로 설명하고 있다. 그리고 선진 자본주의 국가들에 적합한 것은 레닌을 비판한 룩셈부르크의 1904년 이론이라고 주장한다. 이 역시 레닌주의 조직 원칙을 올바로 전파하는 데 큰 해를 끼치고 있다. 앞에서 지적한 바와 같이 개량주의자이자 노동자주의자인 클리프의 입장이 바로 이것이다. 그러다가 1960년대 후반에 급진 청년들 사이에서 '강경파' 레닌주의가 유행하자 그는 이 입장을 거두었다.

클리프와 같은 노골적 수정주의자가 레닌에 맞섰던 룩셈부르크를 지지하는 것은 충분히 예상할 수 있는 일이다. 그런데 정통 트로츠키주의, 즉 레닌주의 조직을 자처하는 세력이 '룩셈부르크' 조직 노선이 선진 자본주의 국가에서 유효하다고 주장하는 것은 예상 밖이다. 프랑스의 국제공산주의조직(Organisation Communiste Internationaliste, OCI)이 바로 이 경우다. 이 조직의 지도자 장-자크 마리(Jean-Jacques Marie)는 1966년에 출간된 프랑스어판 『무엇을 할 것인가』의 서문에서, 레닌의 민주집중적 전위당 노선은 20세기 초 러시아 상황에서만 적용 가능한 것이었다고 주장한다. 그러면서 노동운동이 고도로 발전한 선진국에는 룩셈부르크의 1904년 입장이 적합하다고 말한다. 다음이 그 내용이다.

> 『무엇을 할 것인가』의 중앙집중주의 경직성은 러시아 노동계급의 특수성과 연관이 있다. 즉 이들은 갓 태어난 노동계급으로, 농촌에서 도시로 온 지 얼마 되지 않았다. 그리고 이들은 중세의 특성들을 그대로 지니고 있었고 교육받지 못했으며 19세기 초 프랑스나 영국의 노동계급이 처했던 열악한 생활조건에 의해 극도로 억압당하고 있었다. ……
> 레닌이 묘사한 대로 조직과 의식의 요인으로 혁명적 지식인의 역할은 노동조합이나 정치조직을 합법적으로 허용받지 못한 노동계급

의 상대적 후진성의 정도에 비례하여 늘어난다.

따라서 예를 들어 레닌과 룩셈부르크 사이의 갈등은 이들의 개인적 특성을 무시한다면 유럽에서 가장 교육수준이 낮은 노동계급과 당시 세계에서 가장 강력하고 정치적으로 가장 활발하며 성숙된 독일 노동계급 사이의 엄청난 차이를 드러낸 것처럼 보인다. ……

사회주의 혁명 투쟁의 핵심이 국제주의에 있더라도 이 투쟁의 직접적 형태와 지도적 수단은 다양한 요인들에 의존한다. 각 나라 혁명 정당이 성숙되는 국가의 조건이 이 요인에 속한다.

장-자크 마리가 룩셈부르크의 견해라고 소개하는 내용은 그녀의 실제 입장과는 정반대다. 그러므로 그가 「러시아 사회민주주의의 조직 문제들」을 읽었다고 믿기가 어렵다. 앞에서 언급했듯이 러시아에 관하여 레닌의 중앙집중주의에 룩셈부르크가 반대한 이유는 바로 러시아 노동계급 운동의 낮은 수준 때문이었다. 1904년에 독일 당에서 룩셈부르크는 중앙집중주의와 규율을 강조했다. 왜냐하면 이때 수정주의자들이 소수파였기 때문이다. 이 점은 그녀의 글에 명확히 표현되어 있다.

사회민주주의 운동은 비(非)노동계급 대중의 체제 저항투쟁을 노동계급 혁명투쟁의 한도 내로 제한해야 한다. ……

이것은 사회민주주의 운동이 강력하고 정치적으로 교육받은 노동계급의 중핵을 보유하고 있을 때에만 가능하다. 이 중핵은 충분한 계급의식을 보유해야 하며 당에 합류하는 탈계급적 분자들 그리고 소부르주아 분자들을 이끌어야 한다. 이 경우에 구체적으로 당의 내규에 의해 표현되어 있듯이 **중앙집중주의 원칙을 더욱 엄격하게 적용하고 규율도 더욱 엄격하게 적용해야 한다.** 바로 이것이 기회주의의 위험에서 당을 지키는 효과적인 방법일 것이다. 장 조레스 경향의 혼란에 대해 프랑스의 혁명적 사회주의 운동이 자신을 지킨 방법이 바로 이것이다. 독일 당의 당헌을 이 방향으로 수정하는 것은 아주 시기적절한 조치일 것이다. (강조는 인용자)

독일사민당을 더욱 중앙집중화해야 한다는 룩셈부르크의 압력은 급진파가 당을 장악한 1905년에 열린 예나 당 대회에서 결실을 맺었다. 이 대회에서는 전적으로 중앙집중적인 당 기구 운영 방안이 채택되었다. 사상 처음으로 당 기본 단위의 책임자들이 당 전국집행위원회의 결정에 종속되었다. 물론 나중에는, 이 당의 중앙집중적 기구가 룩셈부르크의 혁명 좌파를 탄압하는 데 사용되었다.

1904년 그리고 나중에까지 존재했던 레닌과 룩셈부르크 사이의 이견은 그 핵심이 중앙집중주의의 정도가 아니라 기회주의의 성격과 이것을 퇴치하는 방안에 있었다. 이 맥락에서만 중앙집중주의와 규율의 문제는 의미가 있었다.

그녀는 수정주의를 둘러싼 논쟁에서 베른슈타인에게 승리했다. 그러나 이 승리는 기본적으로 실질적 소득이 없는 공허한 것이었다. 이 요인은 1904년 룩셈부르크가 레닌을 공격했을 때 크게 작용했다. 독일사민당은 공식적으로 수정주의를 거부했다. 그러자 기회주의자들은 전술을 바꾸었고 당의 정치활동은 이전과 마찬가지로 혁명을 수동적으로 기다리는 자세로 일관했다. 그녀는 이 중요한 글을 작성한 지 얼마 되지 않아 네덜란드의 사회주의 좌파 헨리에

테 롤란드-홀스트(Henriette Roland-Holst)에게 편지를 보냈다. 1904년 12월 14일자의 이 편지에서 그녀는 당내 분파투쟁 일반에 대한 자신의 실망을 이렇게 표현했다.

"어쨌든 기회주의는 늪지에서 자라는 식물과 같아서 운동이 정체한 물에서는 급격하고 무성하게 자라지만 급류에서는 저절로 죽어 없어진다. 이곳 독일에서 운동의 전진은 시급하고 절박한 필요다! 그런데 이 점을 실감하고 있는 사람은 거의 없다. 어떤 사람들은 기회주의자들과의 사소한 분쟁으로 에너지를 낭비하고 있다고 생각하며, 다른 사람들은 선거와 당 조직 활동에서 당원 수가 자동적이고 기계적으로 증가하는 것 자체가 발전이라고 믿고 있다!"
　　―카를 쇼스키, 『1905년부터 1917년까지의 독일의 사회민주주의 운동』, 1955년

전투적 계급투쟁이 상승하면 자연스럽게 당내 기회주의 세력이 격퇴될 것이라고 그녀는 생각했다. 그러나 이 생각은 크게 잘못된 것으로 입증되었다. 1905년 그리고 다시 1910년에 축소된 참정권에 저항하는 대중 선동이 증대했으나 노동조합 관료들의 주도로 인해 효과적으로 억압되었다. 1910년 카우츠키가 편집장으로 있던 당 이론지 《신시대》는 총파업을 촉구하는 룩셈부르크의 글을 싣는 것을 거부하기까지 했다.
　「러시아 사회민주주의의 조직 문제들」의 끝부분에서 룩셈부르크는 기회주의의 불가피성과 사회민주주의 정당의 기회주의 단계 등을 이론화하고 있다. 당내 조직적 수단을 통해 기회주의로부터 당

을 보존하려는 시도는 당을 종파로 추락시킬 것이라고 그녀는 주장한다. 바로 이 점에서 그녀와 레닌의 기본적 견해 차이가 존재한다.

끊임없이 제기되고 있는 두 위험으로부터 멀어지려는 시도를 통해 운동은 가장 잘 전진할 수 있다. 하나의 위험은 대중적 성격을 상실하는 것이고 또 하나의 위험은 당의 목표를 상실하는 것이다. 하나는 종파로 추락하는 위험이고 또 하나는 사회 개량 운동으로 전락하는 위험이다.

조직 형식을 통해 기회주의 일탈의 모든 가능성으로부터 노동운동을 안전하게 지킬 수 있다고 기대하는 경향이 있다. 그러나 위에서 얘기한 두 위험 때문에 혁명적 사회주의의 투쟁 방향을 조직 형식적 수단으로 영구히 고정시킬 수 있다고 희망하는 것은 환상일 뿐 아니라 역사적 경험에도 위배된다.

마르크스주의 이론은 기회주의의 전형적 현상을 인식하고 퇴치할 수 있게 하는 믿을 만한 도구다. 그러나 사회주의 운동은 대중운동이다. 이 운동의 위험은 개인들과 집단들의 교활한 음모로 인해 발생하는 것이 아니다. 위험은 불가피한 사회적 조건에 의해 발생한다. 기회주의 편향의 모든 가능성들로부터 우리 자신을 미리 방어할 수는 없다. 이 위험들은 오직 운동 자체를 통해서만 극복될 수 있다. 마르크스주의 이론이 도움이 될 수는 있다. 그러나 이 도움도 위험들이 실제로 명확한 형태를 띠고 난 후에야 가능하다.

이 관점에서 보면 기회주의는 노동운동의 역사적 발전의 산물이자 불가피한 단계인 것처럼 보인다.

'평의회 공산주의자들'과 같은 반(半)조합주의자들과 초좌익 공산주의자들은 룩셈부르크가 자기 경향의 지도자라고 주장한다. 이 때문에 조직 문제를 놓고 그녀가 레닌을 공격한 것이 정통 사회민주주의 개념들에 그 뿌리를 두고 있다는 사실이 무시되는 경우가 종종 있다. 앞에서 인용된 문구는 사회민주주의 정당을 전체 노동운동과 동일시하고 있기 때문에 카우츠키 사상의 극단적 표현이다. 카우츠키의 '계급 전체의 당' 이론에서 보면 그녀의 논리는 공격할 수가 없다. 카우츠키의 이론을 따른다면 사회민주주의 정당 내에는 기회주의 분파가 존재할 뿐 아니라 이 분파의 영향력이 확대되는 시기들이 있을 수밖에 없다.

독일의 상황에 근거하여 룩셈부르크는 '레닌주의 정당 건설은 기회주의 지도부의 영향을 받고 있는 상당수의 노동계급 정치 경향들로부터의 결별을 의미한다'고 파악했다. 러시아 당은 제대로 조직화되지 못한 상태에 있다는 것이 그녀의 생각이었다. 이 때문에 사회민주주의 이론에 위배되는 노동계급의 정치적 분열을 레닌은 인식할 수 없으리라고 그녀는 생각했다. 그러나 그녀의 생각과는 달리 레닌은 대중적 기반을 가진 기회주의 경향들과 대치하고 있지 않았다. 레닌은 멘셰비키들을 대중적 노동운동을 건설할 수 없는 지식인 편향의 경향이라고 여겼다.

러시아 당 통합을 위한 카우츠키/베벨의 개입

레닌을 공격한 1904년 룩셈부르크의 논쟁은 오늘날에 비해 당시에는 별로 잘 알려져 있지 않았다. 당시에 좀더 중요했던 사건은 독일사민당의 지도 중앙이었던 카우츠키와 베벨이 러시아 당 통합을 위해 적극적으로 개입했다는 것이었다. 레닌은 제2인터내셔널의 권위 있는 지도자들의 반대까지 무릅쓰고, 통합된 강령을 기초로 하여 혁명정당을 건설했다. 이 의미 있는 사실을 제대로 파악하려면 우선 카우츠키와 베벨이 러시아 당 통합을 위해 개입했던 정황을 알아야 한다.

1904년 초 레닌의 부관 리딘-만델슈탐(Lydin-Mandelstamm)은 카우츠키가 발행하는 《신시대》에 싣기 위해 러시아 당 분열에 관한 글을 썼다. 그러나 카우츠키는 이 글을 싣기를 거부하고, 1904년 5월 중순에 리딘에게 편지를 보냈다. 이 편지에서 그는 러시아의 당 분열에 대해 처음으로 자신의 입장을 표명했다. 그는 조직을 분열시키는 것은 대단히 무책임한 행동이라고 생각한다고 밝혔다. 그런데 조직 문제에 대한 레닌의 비타협성이야말로 조직 분열의 중심 원인이라는 것이 그의 판단이었다. 그는 사태를 대단히 잘 파악하는 명민함을 보였다.

"러시아 사회민주주의 운동은 어깨에 큰 책임을 지고 있다. 만약 이 운동이 단결하지 못한다면 역사와 국제노동계급 앞에, 거대한 역사적 임무에 비해 아주 사소한 성격의 개인적·조직적 어려움들 때문에 러시아 절대주의에 타격을 가할 기회를 놓쳐버린 정치인들의 한 집단으로 판결받게 될 것이다. 특히 레닌은 이 파괴적인 불협화음을 시작한 인물로서 책임을 지게 될 것이다."

―디트리히 가이어, 「독일사민당의 판결을 받은 러시아 당의 분열

러시아 당의 분열을 초래한 조직 문제에 대해 카우츠키는 "노동 계급과 지식인들 사이의 필요 또는 민주주의나 독재와 관련된 원칙에 입각한 대립이 아니었으며, 단순히 적절한 방법이 무엇인가의 문제에 불과했다"고 판단했다.

카우츠키는 리딘에게 보낸 편지 사본을 멘셰비키 지도부에게 보냈는데, 이들은 당연히도 이를 카우츠키가 자신들을 지지하는 것으로 간주했다. 이 편지는 카우츠키의 동의하에 멘셰비키가 장악한 새 《이스크라》에 실렸다. 다음에 인용하는, 악셀로드에게 보낸 1904년 6월 4일자 편지에서 카우츠키는 레닌을 무찌를 방안에 대해 충고할 정도로 멘셰비키 지지 입장이 강화되었다.

크게 보면 귀하와 다른 편 사이의 차이는 오해에서 발생하는 것처럼 보인다. 그러나 귀하와 레닌 사이의 견해 차이는 해소가 불가능하다고 생각한다. 반면 귀하와 러시아 국내의 레닌 지지자들 사이에는 견해 차이가 없다고 생각한다. 나는 적어도 러시아에서 온 다양한 종류의 레닌 지지자들과 대화를 나눌 기회를 누렸다. 그리고 서로 간의 협력을 불가능하게 만들 정도의 견해 차이는 발견하지 못했다. 귀하에 대한 이들의 편견은 잘못된 정보에만 기초하고 있는 것처럼 보인다. 사정이 이러하므로 이들이 지혜롭게 다루어진다면 레닌을 배제시킨 가운데 당을 통합시킬 수 있을 것이다.

멘셰비키들이 화해주의에 빠진 볼셰비키들을 자기 편으로 끌어들이는 데 어느 정도 성공한 것은 사실이다.

카우츠키는 레닌에 반대하는 자신의 입장을 다른 형태로도 공개했다. 《신시대》가 룩셈부르크의 「러시아 사회민주주의의 조직 문제들」을 실으면서 잡지의 입장과 룩셈부르크의 입장이 다르다는 것을 명시하지 않은 것이 바로 그것이었다. 레닌이 그에 대한 반론글을 보냈으나, 카우츠키는 그것을 《신시대》에 싣지 않았다. 《신시대》는 러시아 당의 분열에 대해 논쟁을 일삼는 장소가 아니라는 이유에서였다. 레닌에게 보낸 1904년 10월 27일자 편지에서 카우츠키는 룩셈부르크의 글을 실은 자신의 행위를 이렇게 정당화했다.

> 룩셈부르크의 글이 러시아 당의 분열을 **다루어서가 아니라, 그럼에도 불구하고,** 나는 그 글을 실었다. 그녀의 글이 조직 문제를 **이론적으로** 다루었기 때문이다. 우리 독일에서도 이 문제는 토론 주제다. 그녀는 사정을 알지 못하는 독자들이 이 분열에 관심을 갖지 못하게 하는 방식으로 이 분열을 다루었다. (강조는 원저자)

카우츠키의 마지막 주장은 정직하지 못하다.

카우츠키는 레닌에게 글을 싣고 싶으면 좀더 이론적인 용어를 사용하여 반론을 다시 쓰라고 충고했다. 우리가 아는 범위 내에서 말하자면, 레닌은 그의 충고를 거부했다. 이에 대해 우리는 레닌이 '러시아 당의 분열이 구체적인 문제들 때문에 일어났고 확정되었으므로 조직 원칙들에 대한 추상적 논의에 말려들지 않겠다'는 판단을 내렸으리라 추측할 수 있다.

1904년 10월 독일사민당의 존경받는 당수 베벨은 멘셰비키 지도부에 '2차 당 대회에 출석했던 모든 그룹들을 소집하여 통합 협의회를 개최하자'고 제안했다. 이 제안 직후 독일 지도부는 소부르주아 인민주의 경향인 사회혁명당과 민족해방 경향인 폴란드사회당까지 포괄하는 훨씬 더 광범위한 협의회를 개최할 것을 촉구했다. 이렇게 해서 1904년에 독일사민당 지도부는 러시아 제국 내에서 부르주아 자유주의자의 좌에 있는 모든 정치세력들을 포괄하여 당은 아닐지라도 연합을 구성할 것을 촉구했다. 그러나 멘셰비키들은 이 연합이 기회주의적이라고 거부했다. 이것으로 보아 마르토프그룹이 독일사민당 지도부의 오른쪽에 위치하고 있다는 레닌의 판단은 틀렸음이 이미 드러나고 있었다.

카우츠키는 멘셰비키들이 당의 통합을 자기만큼이나 원한다고 믿었다. 그러나 멘셰비키들의 통합 입장은 부분적으로는 외국 사회민주주의 운동 세력에 잘 보이려는 속임수에 불과했다. 이론적으로는 광범위한 계급 전체의 당을 지향하고 있었으나, 멘셰비키 지도부는 레닌의 '강경파'와 같은 당에 있을 생각이 없었다. 베벨의 제안에 대한 응답으로 이들은 유대인노동자연합, 룩셈부르크/요기헤스 조직, 그리고 기타 군소 사회민주주의 그룹들을 초청하여 '통합' 당 협의회를 소집하는 데 동의했다. 그러나 이들은 레닌의 조직을 대회에 초청하는 것은 거부했다! 이때에 레닌은 이미 러시아사회민주노동당의 공식 지도자 자격을 상실하고 다수위원회사무국을 수립한 뒤였다.

그러자 카우츠키는 이제 멘셰비키 지도자들을 무책임한 분열주의자라고 비난하기 시작했다. 악셀로드에게 보낸 1905년 1월 10일자 편지에서 그는 이렇게 말했다.

귀하가 레닌을 초청하지 않는 것을 이해할 수 없다. 이 행위는 **공식적** 근거로 정당화될 수는 있을지 몰라도 일을 너무 공식적으로 처리할 수는 없다. **정치적** 관점에서 보면 레닌을 초청하지 않는 것은 오류인 것처럼 보인다. 그는 비록 공식적으로는 특정 조직의 대표가 아니지만, 여전히 상당한 지지를 받고 있다. 귀하의 임무는 그를 그의 지지자들과 함께 귀하의 입장으로 끌어들이든가, 그를 그의 지지자들로부터 분리시키는 것이다. …… 지금 상황은 모든 혁명 세력들을 단결시킬 것을 요구하고 있다. 귀하의 임무는 모든 조치를 다 취하여 화해를 도모하는 것이다. 만약 이렇게 해도 단결이 불가능하다고 증명되면 레닌은 신망을 잃게 될 것이고 귀하는 레닌에 대항하여 지금보다 훨씬 큰 위력과 성공을 누릴 수 있을 것이다. 그러나 지금 귀하는 단순히 권위 문제 때문에 레닌과 갈등을 벌이는 것처럼 보인다. (강조는 원저자)

1905년 1월에 일어난 피의 일요일 학살 사건 직후 독일사민당 지도부는 다시 한 번 러시아 당을 통합시키려고 노력했다. 베벨은 자신이 공개적으로 견해 차이들을 중재하겠다고 제의했다. 그는 부모가 자식에게 야단치듯이 러시아 당을 야단치는 어조로 끝맺었다.

러시아 당 분열에 대한 소식은 국제사회민주주의 운동에 커다란 혼란과 명확한 불만을 부추겼다. 그리고 자유 토론 후 양측은 공동의 적에 대항하여 투쟁할 공동의 기반을 찾을 수 있을 것이라고 모든 사람들이 기대하고 있다.

—H. H. 피셔 외 엮음, 『볼셰비키 당과 세계대전』

베벨이 정치적으로 자기들과 가깝다는 것을 알고 있던 멘셰비키들은 즉시 그의 제의를 받아들였다. 그러나 레닌은 이 통합 제안을 실질적으로 거부했다. 베벨에게 보낸 1905년 2월 7일자 편지에서 레닌은 자신이 그의 중재 제의를 받아들일 권한이 없다고 말했다. 그의 제의는 새로운 당 대회에 회부되어 결정되어야 한다는 것이었다. 그러고 나서 레닌은 카우츠키가 멘셰비키들의 편을 들면서 개입한 점으로 보아 "독일사민당 대표들의 개입이 우리 대오에서 어려움에 직면하더라도 나는 놀라지 않을 것"이라고 덧붙였다.

볼셰비키들만으로 치러진 4월의 3차 당 대회는 베벨의 제의에 대해 입장을 채택하지 않음으로써 실질적으로 그 제의를 거부했다. 독일 지도부의 간섭이나 후견을 볼셰비키들은 자신감 넘치는 기상과 거부로 대응했다. 이 모습은 베벨의 제의에 대해 연설한 대의원 바르소프의 말에서 잘 드러났다.

> 독일 동지들은 세력을 형성했다. 이들은 당 대회와 기타 회의들에서 모든 형태의 기회주의에 대항하여 가차 없이 비판적인 내부 투쟁을 벌였다. 그리고 이를 통해 혁명 세력으로 성숙했다. 우리도 우리의 거대한 역할을 수행하기 위해서는 같은 방식으로 성숙해야 한다. 그리고 독자적으로 우리 조직을 이론뿐 아니라 현실 속에서 당으로 발전시켜야 한다. …… 사회주의의 영광에 찬 미래를 위해 우리는 차르전제에 대항하여 지금 당장 우리 자신을 단결시키고 조직해야 한다. 그리고 이를 통해 우리는 러시아 전체 노동계급의 적극적인 지도자가 되어야 한다.
>
> —앞의 책

3장
1905년 혁명

1904년에 발발한 러일 전쟁에서 러시아는 패배했다. 이를 계기로 하여 차르 전제정권에 대한 자유부르주아 세력의 저항이 급격히 거세졌다. 러시아 국내의 정세가 급변하면서 멘셰비키와 볼셰비키의 노선 차이가 심화되었다. 멘셰비키들은 당면한 전제정권 타도 혁명에서 자유주의자들이 지도 세력이 되어야 한다고 주장했다. 그래서 멘셰비키들은 자유주의자들에 대한 비판의 수위를 낮추면서 그들의 투쟁을 고무시키려 했다. 자유주의자들에 대한 유화적 태도로 인해 멘셰비키는 더욱 정치적 수준이 추락하여 경제주의자들과 같은 급이 되었다. 이들은 사회민주주의 정당이 러시아 노동계급의 부문적 이해만을 옹호해야 한다고 주장하게 된 셈이었다.

1904년 11월, 레닌은 「젬스트보 캠페인과《이스크라》의 계획」을 발표하여 멘셰비키의 자유부르주아 유화 노선을 날카롭게 공격했다(자유주의자들은 지방 자치기관인 젬스트보를 통해 차르 전제정권을 개혁하려 했다). 이 때문에 멘셰비키와 볼셰비키의 갈등은 다시금 심화되었다. 레닌이 멘셰비키들을 공격한 핵심은 다음과 같았다.

부르주아 민주주의자들은 정치적 본성 그 자체로 인해 혁명적 민주주의 요구들을 만족시킬 능력이 없다. 따라서 이들은 우유부단하고 미온적인 태도를 보일 수밖에 없다. 이 미온적 태도를 비판함으로써 사회민주주의자들은 자유주의자들을 계속 압박하고, 더욱 많은 수의 노동자, 반(半)노동자 그리고 부분적으로는 소부르주아들까지도 자유 민주주의 진영으로부터 노동계급 민주주의 진영으로 끌어들인다. ……

부르주아 야당은 부르주아이자 야당에 불과하다. 왜냐하면 이들은 투쟁하지 않기 때문이다. 그리고 자신이 절대적으로 옹호하는 강령이 없기 때문이다. 또한 한 줌의 지식인 지지자를 보유하고 있는 혁명적 노동계급과 차르 정부라는 두 실제 진영 사이에 양다리를 걸치고 있기 때문이다. 그리고 이를 통해 투쟁의 결과를 자기에게 유리하게 끌고 가기를 원하기 때문이다.

차르 타도 혁명에서 자유부르주아의 역할은 1905년 4월 멘셰비키와 볼셰비키가 각각 자체 소집한 당 대회의 주요 쟁점이었다. 절대주의가 타도된 후 자유부르주아 진영이 정권을 장악해야 한다는 것이 멘셰비키 노선의 전제였다. 그러므로 사회민주주의 정당이 아무리 강력해도 군사력을 통해 차르 정부를 타도하면 안 된다는 것이 이들의 결론이었다. 이 수동적 기대감과 자유주의 추종 노선은 4월 멘셰비키 협의회에서 결의문의 형태로 통과되었다.

"이 조건들 속에서 사회민주주의 운동은 혁명의 시기 내내 자신이 혁명을 전진시킬 가장 좋은 기회를 가질 수 있으며 부르주아 정당들의 일관되지 못하고 이기적인 정책에 대항하여 자신의 손을 묶지 않으면서 부르주아 민주주의에 자신의 정체성을 상실하지 않는 입장을 고수하려고 노력해야 한다.

따라서 사회민주주의 운동은 임시정부에서 권력을 장악하거나 공유해서는 안 되며, 극단적 혁명 야당의 성격을 고수해야 한다."

—로버트 맥닐 엮음, 『소련공산당 결의문들과 문서들』

멘셰비키의 노선에 대항해 레닌은 '노동계급 및 농민의 혁명적 민주주의 독재' 노선을 제시했다. 이는 1905년 7월에 출판된 『민주주의 혁명 시기 사회민주주의당의 두 가지 전술』에 대단히 자세히 기술되었다. 레닌은 농민에 기반을 둔 급진 인민주의 운동이 혁명적 민주주의 대중정당을 등장시킬 수 있으며, 등장시킬 것이라고 믿었다(그러나 사회혁명당이 그런 정당이라고는 생각하지 않았다. 이 점은 중요하다. 그는 이 정당이 테러 행위에 중독되어 있는 '지식인' 그룹이라고 생각했다). 농민에 기초한 혁명적 민주주의 정당과 노동계급 사회민주주의 정당의 연합은 '임시 혁명 연립정부'를 포괄하여 차르 절대주의를 타도하고 급진적 민주주의 강령을 실현하게 될 것이라고 레닌은 판단했다. 이것이 바로 러시아사회민주노동당의 '기본' 강령이다. 그가 제시한 혁명 전략의 실천적 핵심은 볼셰비키들만 소집된 3차 당 대회에서 채택되었다.

세력 관계 등을 비롯하여 미리 정확히 규정할 수 없는 요인들에 따라 우리 당의 대표들은 임시 혁명 정부에 참여하여 모든 반혁명 시도들에 대항하여 가차 없이 투쟁하고 노동계급의 독자적 이해를 옹호한다.

—로버트 맥닐 엮음, 앞의 책

레닌이 '혁명적 민주주의 독재'를 제시한 것은 혁명 과정에서의 러시아 사회민주주의 운동의 군사적·정치적 역할을 적극적으로 확대하기 위해서였다. '혁명적 민주주의 독재'의 미래 운명에 대해서 레닌은 의도적으로 애매한 구석을 남겨놓았다. 그는 그것을 안정된 계급 지배의 형태로 보지 않았음이 분명하다. 『민주주의 혁명 시기 사회민주주의당의 두 가지 전술』에서 그는 이렇게 주장하고 있다.

노동계급과 농민의 혁명적 민주주의 독재는 의심의 여지 없이 사회주의자들의 일시적인 목표에 불과하다. 그러나 민주주의 혁명 시기에 이 목적을 무시하는 것은 노골적인 반동이 될 것이다.

러시아 사회가 '혁명적 민주주의 독재'로부터 발전하는 과정은 러시아 국내뿐 아니라 유럽 전역의 계급 역관계에 의해 결정될 것이었다. 따라서 레닌의 정식은 대수적(algebraic) 정식, 즉 실제 상황에 의해 확정되는 정식이었다. 혁명에 굉장히 유리하게 상황이 전개될 경우, 그것은 트로츠키의 '연속 혁명'에 근접할 것이었다. 다시 말해 러시아의 급진적 민주주의 혁명은 유럽의 노동계급 혁명을 촉발시킬 것이고 이것은 다시 즉시 러시아의 사회주의 혁명을 촉발할 것이었다. 반면 반동이 승리할 경우 '혁명적 민주주의 독재'는 1793년의 자코뱅 독재나 1871년의 파리 코뮌과 유사한 일시적 혁명 사건이 되고, 정상적인 부르주아 민주주의 체제가 안착되는 계기가 될 것이었다.

1905년 초, 혁명의 정치적 발전 과정이 협소한 조직 문제를 제치고 볼셰비키와 멘셰비키 사이의 핵심 쟁점이 되었다. 사실 1905년 4월 볼셰비키 당 대회에서 채택된 멘셰비키에 대한 비판은 애초에 조직 분열을 초래한 문제에 대해서는 언급조차 하지 않았다. 이 당 대회는 멘셰비키가 경제주의와 자유주의 추종주의로 빠지고 있다고 비난했다.

노동계급 투쟁에서 멘셰비키들은 자연발생성에 의식의 중요성을 격하시키고 종속시키는 일반적 경향을 보인다. ……

이들은 전술 문제에서 당의 활동 영역을 축소시키려는 소망을 드러낸다. 이들은 부르주아 자유주의 정당들과의 관계에서 완전히 독자적 전술을 추구하는 당을 비난한다. 그리고 우리 당이 인민 봉기에서 조직적 역할을 맡을 가능성과 바람직함을 비난한다. 또한 민주적 혁명 임시정부에 어떤 조건으로든 당이 참여하는 것을 비난한다.

—앞의 책

잘 알려져 있듯이 1903년의 멘셰비키 지도자들이 전부 1905년의 자유주의 추종자가 된 것은 아니었다. 1904년에 청년 트로츠키는 러시아에 적용되는 '연속혁명론'을 개진했다. 러시아의 불균등 발전 때문에 농민에 기초한 급진 인민주의 정당을 포함하여 혁명적 부르주아 민주주의 세력의 누구도 차르 절대주의를 타도하지 못할 것이다. 차르 타도 혁명을 수행하는 과정에서 노동계급 정당은 국가권력을 장악하고 사회주의 건설을 시작하도록 강요받을 것이다.

러시아 노동계급 혁명이 유럽의 선진 자본주의 국가들로 확산되지 않는다면 후진국 러시아의 노동자국가는 불가피하게 제국주의 반동에 의해 타도될 것이다. 트로츠키의 '연속혁명론'은 혁명 전략 문제에 있어 트로츠키를 레닌주의의 왼쪽에 자리 잡게 했다. 그러나 1905년 혁명의 역사적 순간을 제외하면, 트로츠키는 1차 세계대전 이전 러시아 사회민주주의 운동에서 고립된 개인으로 남아 있었다.

혁명과 대대적인 당원 가입

러시아 혁명의 성격을 둘러싼 멘셰비키와의 이견은 당의 재통합을 원했던 유화적 볼셰비키 분자들의 세력을 약화시켰다. 그러나 이들이 당에서 완전히 제거된 것은 아니었고, 혁명의 격동으로 볼셰비키 진영은 새로운 분열을 맞았다. 레닌은 조직 문제와 관련하여 자신에게 익숙하지 않은 입장을 채택하는 상황에 처했다.

1905년 1월 9일에 발생한 피의 일요일 사건으로 대중은 급진화되었다. 혁명정당에 가입하기를 열망하는 수만 명의 젊은 노동자들이 볼셰비키 당에 입당하려 했다. 그러나 소규모 지하조직에 익숙한 다수의 '볼셰비키위원회 실무자들(committeemen)'은 당 조직과 기능이 급격하게 변하는 것을 꺼렸다. (이들은 비밀활동의 어려운 조건 속에서 사회민주주의 핵심 세포들을 건설한 중핵들이었다.) 이들은 대대적인 당원 가입 정책을 반대하며, 당원이 되려면 상당한 기간의 수습 과정을 거치게 해야 한다고 주장했다.

그러나 레닌은 조직 보수주의를 단호히 반대하고, 당을 선동 조직에서 노동계급 대중정당으로 변화시키려 했다. 1905년 2월에 이미 레닌은 「새로운 세력과 새로운 임무」라는 글을 통해 대중의 급진화가 볼셰비키 당 조직의 성장을 훨씬 앞지르고 있다고 우려했다.

　　백 배나 증대된 대중의 혁명 에너지에 어느 정도 부응하기 위해서는 당 조직과 관련 조직들의 회원수를 상당 수준 늘려야 한다. 물론 이 말이 마르크스주의의 진리를 일관되게 훈련시키고 체계적으로 교육시키는 임무를 무시하자는 뜻은 아니다. 그러나 기억해야 할 것이 있다. 지금 시기에는 훈련과 교육의 훨씬 큰 비중이 군사적 투쟁과 관련되어 있다. 바로 이 상황이 정확히 그리고 전적으로 **우리가** 의미하는 바 훈련받지 않은 분자들을 **교육시킨다.** 또 기억해야 할 것이 있다. 마르크스주의에 대한 우리의 '교조적인' 충성심은 혁명의 전진으로 강화되고 있다. 모든 곳에서 **대중은 마르크스주의 실물 교육**을 받고 있다. 그리고 이 모든 실물 교육들은 우리의 교조가 올바르다는 것을 정확히 확인시키고 있다. ……

　　모든 종류의 우리 조직들에 더욱 대담하고 광범위하고 급속하게 젊은 투사들을 회원으로 가입시켜야 한다. 이 목적을 위해 한 순간의 지체도 없이 **수백 개의** 새로운 조직들을 건설해야 한다. 그렇다, 수백 개의 조직들이다. 이것은 과장이 아니다. 이 광범위한 조직적 임무를 처리하기에 지금 '너무 늦었다'고 말하는 동지가 단 한 명도 있어선 안 된다. 아니다, 조직하기에 늦은 때란 결코 있을 수 없다. 법을 통해 누리는 자유 그리고 법에도 불구하고 누리는 자유를 활용하여 모든 종류의 당 조직들을 강화시키고 증대시켜야 한다. (강조는 원저자)

레닌의 대대적인 당원 가입 정책과 볼셰비키위원회 중핵들의 조직 보수주의 사이의 갈등은 1905년 4월 볼셰비키 당 대회에서 가장 격렬하게 논쟁했던 쟁점 가운데 하나였다. 이 문제에 대한 레닌의 동의안은 근소한 표 차이로 기각되었다. 레닌은 이 동의안에서, 볼셰비키들에게 이렇게 촉구했다.

더욱 광범위한 노동계급의 부위들이 온전한 사회민주주의 의식을 가질 수 있도록 견인해야 한다. 이들의 사회민주주의 혁명 활동을 발전시켜야 한다. 우리 당을 지지하는 노동계급 조직들을 가능한 한 많이 수립해야 한다. 운동과 당 조직들을 지도할 수 있는 더 많은 수의 노동자들을 대중의 대오에서 지역 중심과 모든 당 중심의 회원으로 반드시 격상시켜야 한다. 이를 통해 당과 노동계급 대중의 유대를 강화시키려는 모든 노력을 다해야 한다.
　—「사회민주주의 조직 내 노동자와 지식인의 관계에 대한 결의안」,
　　1905년 4월

대대적인 당원 가입 정책에 반대하는 보수적인 볼셰비키위원회 중핵들은『무엇을 할 것인가』에 나오는 "당원의 규정은 엄격할수록 좋다"는 문구를 인용하며 레닌을 비판했다. 그러자 레닌은『무엇을 할 것인가』는 1902년에 작성된 것으로, 지하 선전서클이 산재한 정치적으로 잡다한 운동 속에 혁명 분파를 수립하는 임무를 지도하기 위한 것이었다고 말했다. 그러나 1905년 초 볼셰비키 당은 이전 시기와 전혀 다른 임무를 갖고 있다는 것이 그의 주장이었다.

1905년 혁명 기간에 대대적인 당원 가입 정책과 관련하여 조직

내의 보수적 태도에 레닌이 저항한 것은 전적으로 옳은 선택이었다. 투쟁의 전면에 등장한 수만 명의 주관적 혁명주의자 그러나 정치적으로 다듬어지지 않은 젊은 노동자들이 볼셰비키들에 의해 조직되지 않았다면, 이들은 멘셰비키 기회주의자들, 급진 인민주의 사회혁명당 또는 무정부주의자들에 의해 조직되었을 것이다. 이런 사태가 현실로 나타났다면 혁명정당은 중요한 노동계급 부위의 다수를 비혁명 조직들에게 빼앗겼을 것이다. 대대적인 당원 가입 정책이 없었다면 볼셰비키 당의 조직 역량은 혁명이 진행되는 동안, 그리고 그후에 급격히 약화되었을 것이다.

볼셰비키위원회 실무자들이 보인 또 다른 보수주의는 노동조합과, 소비에트 등 혁명이 등장시킨 대중조직에 대한 종파주의에 있었다. 혁명의 중심이었던 페테르부르크의 노동자 소비에트는 1905년 10월에 수립된 중앙집중적 총파업위원회에서 출발했다. 멘셰비키들은 느슨하고 정치적으로 잡다한 성격을 보인 노동조합과 소비에트가 자신들의 성향에 맞아떨어졌기 때문에 이들을 열성적으로 받아들였다. 그러나 볼셰비키 지도부의 일부는 이런 대중조직들이 당 조직과 경쟁한다는 이유로 이들을 거부했다.

1905년 10월에 레닌은 아직 해외 망명 중이었다. 이때 볼셰비키 당의 러시아 국내 중앙위원회는 「모든 당 조직들에게 보내는 편지」에서 이렇게 주장했다.

"이런 조직들은 모두 노동계급 정치 발전의 특정 단계를 표현한다. 그러나 이들이 지금처럼 사회민주주의 운동 외부에 존재한다면 객관적으로 노동계급을 정치적으로 원시적인 수준에 머물게 하고 이들을 부르주아 정당들에 종속시킬 위험이 있다."

—토니 클리프, 『레닌 평전 1: 당 건설』, 1975년

혁명의 과정에서 등장한 소비에트에 대해 애초에 볼셰비키들이 종파주의에 갇힌 태도를 보였기 때문에, 이 정치적 공백을 틈타 멘셰비키들이 소비에트의 주도권을 잡았다. 그래서 페테르부르크 소비에트 의장 트로츠키가 1905년에 가장 출중한 혁명적 사회주의자로 부상했다.

대대적인 당원 가입 정책을 위해 투쟁했던 것과 마찬가지로, 레닌은 소비에트에 대한 종파주의적 기권주의를 교정하기 위해 개입했다. 볼셰비키 당 신문에 실린 「우리의 임무와 노동자 소비에트」(1905년 11월)에서 레닌은 이렇게 주장했다.

노동자 소비에트인가, 당인가? 이렇게 문제를 제기하는 것은 옳지 않다. 그리고 이 질문에 대한 **확실한** 대답은 '소비에트와 당 **모두**'라는 것이다. 대단히 중요하고 오직 유일한 문제는 소비에트와 당의 임무를 어떻게 분리하고 결합하는가에 있다.

소비에트가 하나의 당에 전적으로 속하는 것은 바람직하지 않다고 생각한다. (강조는 원저자)

트로츠키와 마찬가지로 레닌도 소비에트가 혁명 정부의 조직 기반이라고 생각했다.

노동자 소비에트는 정치적 지도력을 제공하는 혁명 중심으로 광범

위한 것이 아니라 촘촘하게 조직되어야 한다. 소비에트는 임시 혁명 정부를 자임하거나 수립해야 한다. 그리고 모든 수단을 동원하여 이 목적에 노동자들뿐 아니라 수병과 병사의 참여를 끌어내야 한다. …… 두 번째로 혁명적 농민, 세 번째로 혁명적 부르주아 지식인들의 참여도 유도해야 한다. 소비에트는 임시 혁명 정부를 위한 강력한 중핵을 선정하고 모든 혁명정당들과 자유주의자가 아닌 모든 혁명적 민주주의자들의 대표로 이 중핵을 강화시켜야 한다.

—앞의 글

1905년 레닌이 노동조합과 소비에트에 대해 보인 적극적 자세는 전위당에 대한 그의 종전의 입장을 버린 것이 아니었다. 오히려 그의 전위당 노선은 애초 아주 광범위한 대중조직들을 전제로 하고 필요로 하는 것이었다. 『무엇을 할 것인가』는 당과 노동조합의 관계를 아주 명확하게 표현하고 있다.

경제투쟁을 하는 노동자 조직은 노동조합이 되어야 한다. 가능한 한 사회민주주의 노동자 모두는 이 조직을 지원하고 그 속에서 적극 활동해야 한다. 그러나 이것이 진실이기는 하지만 '노동' 조합에 사회민주주의자만 들어가야 한다고 요구하는 것은 물론 도움이 되지 않는다. 이럴 경우 대중에 대한 우리의 영향력을 축소시킬 뿐이기 때문이다. 고용주와 정부에 대항하여 단결해야 할 필요성을 이해하는 모든 노동자들은 노동조합에 가입해야 한다. 최소한 이 초보적 인식에 도달한 모든 노동자들을 단결시키지 못하고 **아주** 광범위한 조직이 되지 못한다면 노동조합은 자신의 목적 자체를 이룰 수 없을 것이다.

이 조직들이 광범위할수록 이들에 대한 우리의 영향력도 그만큼 광범위해질 것이다. (강조는 원저자)

『무엇을 할 것인가』의 사상을 레닌이 기각했는가?

거의 모든 우파 수정주의자들은 당 기구 책임자들의 조직 보수주의에 맞서 대대적인 당원 가입 정책을 추진했던 레닌의 투쟁에 초점을 맞춘다. 그리고 『무엇을 할 것인가』에서 주장했던 내용을 그가 그때 기각했으며, 그 입장은 이후 줄곧 바뀌지 않았다고 주장한다. 영국의 노동자주의자이며 개량주의자인 토니 클리프는 이렇게 결론을 내린다.

사회주의 의식은 오직 '외부'에서 도입될 수 있을 뿐이며 노동계급은 자연발생적 투쟁을 통해서는 노동조합 의식만을 성취할 수 있다고 레닌은 주장했다. 그러나 1905년에 레닌은 『무엇을 할 것인가』와 정면으로 반대되는 주장을 했다. 1905년 11월에 작성된 글 「당의 개편」에서 그는 딱 부러지게 이렇게 말한다. "노동계급은 본능적으로 그리고 자연발생적으로 사회민주주의자다."

—『레닌 평전 1: 당 건설』

프랑스의 국제공산주의조직(OCI)은 신(新)카우츠키주의를 드러내고 있다. 그리고 이 조직의 지도자 장-자크 마리는 클리프와 실질적으로 같은 주장을 하고 있다.

레닌은 '의식성'과 '자연발생성' 사이의 관계에 대한 기존의 경직된 정의를 내다 버렸다. 1903년 8월의 2차 당 대회 후 그는 자신이 '대회 분위기를 강제했다'거나 '경제주의자들이 구부린 막대기를 정반대 방향으로 구부렸다'고 암시했다. 특정 시기의 산물인 『무엇을 할 것인가』의 역사적으로 제한된 기능이 강조되도록 1905년 혁명은 강제했을 뿐이었다.

　　　　　　　　　　—프랑스어판 『무엇을 할 것인가』의 서문

이렇게 모든 종류의 개량주의자들과 중도주의자들은 조직 보수주의에 대한 레닌의 1905년 투쟁을 활용하여 레닌주의에 반하는 주장을 늘어놓는다. 그러므로 1905년 당시 갈등의 쟁점들을 정확히 살펴보는 것이 대단히 중요하다. 레닌은 『무엇을 할 것인가』의 어떤 측면들이 1905년 상황에는 더 이상 적용될 수 없다고 생각했는가?

레닌은 의식성과 자연발생성 사이의 관계에 대한 자신의 입장을 바꾸지 않았다. 1905년에는 물론이고 죽을 때까지 레닌은 '혁명적 전위당은 노동계급의 역사적 이해를 의식적으로 표현한 독창적 개념'이라고 주장했다. 이미 지적한 대로 1905년 4월 볼셰비키 당 대회에서 그는 대대적인 당원 가입 정책을 위해 투쟁하면서 '노동계급 투쟁에서 멘셰비키들은 자연발생성에 대한 의식의 중요성을 격하시키고 종속시키는 일반적 경향을 보인다'고 비난했다. 1905년의 '젊은 투사들'과 당원이 될 노동자들이 보수적인 볼셰비키위원회 실무자들보다 정치적으로 더 발전했다고 레닌이 생각한 것은 아니었다. 이와 반대로 그는 아는 것이 많고 투쟁으로 단련된 위원회 실무자들이 주관적으로만 혁명적인 '젊은 투사들'을 자신들의 수준으로 끌어올릴 수 있고, 그래야만 한다고 주장했다.

레닌은 후진 노동자들을 끌어들이기 위해 당의 혁명 강령을 희석시키지도 않았고 참주선동에 의존하지도 않았다. 이 점은 이미 인용한 「새로운 세력과 새로운 임무」의 문구에서 명백히 드러난다. 그리고 광범위한 당원 수용이 당원의 책임과 규율을 완화시킬 것을 요구한다고 생각하지도 않았다. 4월의 볼셰비키 당 대회는 당의 공식 조직에 참여하는 문제와 관련하여 1903년 마르토프의 느슨한 당원 규정을 레닌의 규정으로 대체했다(2차 당 대회에서는 마르토프의 당원 규정이 채택되었다—옮긴이). 또한 레닌은 볼셰비키 당을 노동자 대중정당으로 전환하기 위해 중앙집중주의를 상당 정도 완화시켜야 한다고 주장하지는 않았다. 이 시기 내내 그는 중앙집중주의가 혁명적 사회민주주의의 기본적 조직 원칙임을 거듭 확인시켰다. 예를 들어 1905년 9월에 작성된 「독일사회민주노동자당의 예나 당대회」에서 그는 이렇게 말했다.

독일사민당 당헌의 수정이 의미하는 대단히 특징적인 면모를 강조하는 것이 중요하다. 즉 중앙집중주의 원칙을 더욱 포괄적이고 엄격하게 적용하는 경향, 더 강력한 조직의 확립 등이 그것이다. ……
전체적으로 이 사건이 표현하는 바는 명백하다. 사회민주주의 운동과 이 운동의 혁명의식의 성장은 필연적으로 그리고 불가피하게 중앙집중주의를 일관되게 확립한다는 것이다.

『무엇을 할 것인가』에 기반을 둔 당 건설

그렇다면 1905년에 볼셰비키 당이 당면한 임무를 완수하는 과정에서 『무엇을 할 것인가』의 어떤 측면이 적용될 수 없다고 레닌은 생각했는가? 1905년에 레닌은 그 동안 준수되어온 당원 자격과 책임에 필요한 정치적 경험과 지식의 정상적 수준을 낮출 것을 주장했다. 그런데 레닌의 생각이 바뀐 것은 그가 기존의 전위당 개념을 기각했기 때문이 아니었다. 진짜 이유는 혁명으로 인해 러시아 노동계급의 의식이 급진화된 데에 있었다. 1902~3년의 지하활동 조건에서 감옥에 갇히거나 망명을 해야 하는 위험을 감수하고 혁명적 사회민주주의 강령을 옹호할 수 있는 사람은 소수의 선진 노동자들뿐이었다. 그들만이 새로 창당되었으나 분파투쟁으로 분열된 러시아사회민주노동당의 규율을 온건히 지킬 수 있었다. 그러나 피의 일요일 사건 이후 수만 명의 전투적 청년 노동자들과 급진 소부르주아들이 자신들이 이해하는 범위 내에서 혁명적 사회민주주의자가 되고자 했다. 1902~3년에 당원의 가입 기준을 낮추었다면 당내의 혁명적 분자들은, 후진적이며 러시아 정교회를 신봉하고 자유주의자들을 추종하는 다수의 노동자들에게 압도되었을 것이다. 그러나 1905년에는 볼셰비키 당이 탄탄한 중핵 조직으로 존재하고 있었다. 정치적으로는 다듬어지지 않았으나 주관적으로 급진화된 다수의 노동자들을 혁명 강령으로 동화시킬 능력이 있었던 것이다.

1905년 레닌의 대대적인 당원 가입 정책은 『무엇을 할 것인가』에서 표현된 원칙을 포기하거나 수정한 것이 아니었다. 반대로 이 원칙을 성공적으로 적용한 것이었다. 혁명적 위기에 광범위하게 당원을 획득하기 위해서는 필요조건이 있다. 정치적으로 통일된 중핵 조직의 존재가 바로 이것이다. 클리프가 인용하고 있으면서도 그 의미를 이해하지 않으려 하거나 이해하지 못하는 문구를 통해 레닌은 이 점을 명확히 표현하고 있다.

사회민주주의 의식이 없는 다수의 노동자들이 당으로 급격히 유입되는 것은 위험한 일이다. 이런 사태가 벌어지면 당은 대중에 의해 용해되어, 계급의 의식적 전위 역할을 하지 못하고 대중의 꽁무니만 좇게 될 것이다. 이는 진짜 대단히 한심스러운 상황일 것이다. 그리고 만약 우리가 참주선동을 저지르는 경향이 조금이라도 있거나 강령, 전술적 규칙, 조직적 경험 등 당의 원칙들을 가지고 있지 못할 경우 그리고 가지고 있더라도 이 원칙들이 허약하고 불안정할 경우 이 위험은 의심의 여지 없이 **대단히 심각한 위험이 될 수 있고** 실제로 그렇게 될 것이다. 그러나 사실을 말하자면 이 '가정들'은 지금 존재하지 않는다. …… 우리는 입당하는 분자들에게 계급의식을 요구해왔다. 그리고 당 발전의 연속성의 엄청난 중요성을 주장해왔고 규율을 설교해왔다. 또한 모든 당원이 당의 어느 조직에서든 훈련을 받을 것을 요구해왔다. 모든 사회민주주의자들에 의해 공식적으로 인정받고 있으며 그 기본 전제가 어떤 비판도 받지 않고 있는 당 강령을 우리는 확고히 정착시켰다. …… 우리는 2차 및 3차 당 대회 그리고 사회민주주의 신문을 통해 다년간 일관되게 다듬어진 전술 결의문들을 보유하고 있다. 그리고 우리는 조직 경험을 가지고 있고 실제 조직을 보유하고 있다. 이것은 교육적 역할을 했으며 의심의 여지 없이 결실을

맺었다. (강조는 원저자)

—「당의 개편」

혁명적 격동기에 당의 문을 활짝 여는 허약한 선전그룹이나 소규모이면서도 잡다한 분자들을 포함하고 있는 정당이 있다. 이런 조직은 미숙하고 인상주의적이며 급변하는 분자들에 의해 압도될 것이다. 그리고 이들은 당을 재앙으로 몰고 갈 것이다. 1918~9년에 룩셈부르크와 카를 리프크네히트(Karl Liebknecht)의 독일 스파르타쿠스단이 바로 이런 경우를 당했다. 그러나 1905년 레닌의 볼셰비키 당은 독일 스파르타쿠스단의 비극적 운명을 겪게 될 염려가 없었다. 왜냐하면 이들은 과거 5년간 『무엇을 할 것인가』에서 제시된 원칙에 따라 조직을 건설해왔기 때문이었다.

볼셰비키들과 달리 멘셰비키들은 급진화되었으나 미숙한 노동자 당원들에 의해 압도당한 측면이 있었다. 심화되고 있던 혁명의 영향을 받아 멘셰비키 지도부는 실제로 조직 분열을 겪었다. 마르토프의 수석 부관인 표도르 단과 마르티노프 등은 '노동자 정부'를 주장한 트로츠키를 지지했고, 마르토프와 플레하노프는 정권 장악 투쟁에서 기권해야 한다는 공식 멘셰비키 입장에 충실했다. 이렇게 1905년 혁명 와중에 멘셰비키의 가장 권위 있는 지도자 두 명은 자기 조직 내에서 우파가 되어 고립되었다.

1905년에 볼셰비키 당에 가입한 당원들 대다수가 장기적으로 볼셰비키로 남을 것이라고 레닌이 생각했을지는 미지수다. 특히 실제로 그랬듯이 혁명이 실패하고 반동기가 찾아왔을 때 이들이 당에 남아 있을 것이라고 그가 믿었는지는 의심스럽다. 그러나 1905년에 처음으로 혁명 운동에 발을 디딘 분자들 가운데 진짜 선진적인 분자와 정치적으로 후진적이거나 편향을 보이는 분자, 그리고 진지한 분자와 순간의 흥분에 휩싸인 분자를 구별하는 것은 어려운 일이었다. 오직 시간과 내부 투쟁만이 미래의 볼셰비키들을 일시적인 분자들과 구별시킬 수 있었다. 1905년 혁명기의 진짜 볼셰비키는 《이스크라》 시기에 활동했던 위원회 실무자들이었고, 새 당원들은 실은 후보 당원들이라고 할 수 있었다.

비혁명기에 혁명 조직은 회원이 되기 전의 인자들을 솎아내고, 교육하고, 훈련시킨다. 이 준비 과정은 여성 조직, 청년 그룹, 노동조합 분파 등 과도조직에서 진행된다. 그러나 혁명 격동기에는 상황이 달라진다. 이때에는 당을 통해 온전한 정치적 역할을 하기를 원하는 최상의 젊은 투사들이 넘쳐난다. 그리고 당은 이들의 일부를 당원으로 획득해야 한다. 이 상황에서 상대적으로 긴 당원 훈련 과정은 장애가 될 수도 있다. 충분한 규모와 안정성을 가진 핵심 중핵을 보유한 전위당은 조직 능력 범위 내에서 자기 나름대로는 최선을 다해 마르크스주의 혁명 강령을 수용하는 겉보기에 건강한 분자들을 모두 당원으로 받아들이려고 노력해야 한다. 이때 올바른 당원을 가려내고 교육시키는 과정은 당 내부에서 진행된다.

혁명기의 대대적인 당원 획득 작업은 극단적인 형태로 당의 성장과 발전의 일반적 특징이 된다. 선전 서클에서 노동자 대중정당으로의 전환은 단 하나의 일직선처럼 단순한 과정이 아니다. 새로운 환경을 맞아 당은 급격하게 성장하고 발전한다. 그리고 이 성장과 발전의 결과를 단단하게 다지는 조직 확립의 단계로 이행한다. 이때 당 내부에서의 훈련과 투쟁은 당의 외부 활동보다 우선하면서 중핵의 새로운 부위가 형성된다. 이 복잡한 우여곡절 끝에 당은 계급의 전위로 확고하게 정착한다.

1907년 6월 레닌은 "12년"이라는 제목으로 자신의 주요 저작들을 한데 모아 발간했다. 이때 볼셰비키 당은 당원수 약 4만 5천 명의 합법 대중조직이었다. 차르의 반동이 볼셰비키 당을 소규모 지하조직으로 찌그러뜨리기 전이었다. 따라서 1907년 초 볼셰비키 당의 내부 상태와 외부 상황은 《이스크라》그룹 시절인 1902~3년 시기와는 굉장히 달랐다.

따라서 레닌은 『무엇을 할 것인가』의 역사적 맥락과 이 저작의 직접적 동기가 된 분파투쟁의 목적을 설명하고 강조해야 했다. 『12년』의 서문에서 레닌은 이렇게 말했다.

경제주의자들은 한쪽 극단으로 나아갔다. 내가 말했지만 『무엇을 할 것인가』는 경제주의자들이 비튼 것들을 바르게 펴고 있다. ……
이 말의 의미는 충분히 명확하다. 『무엇을 할 것인가』는 경제주의 왜곡을 논쟁을 통해 교정한 저작이다. 그리고 이 저작을 다른 각도에서 보는 것은 틀린 해석이 될 것이다.

토니 클리프, 장-자크 마리 등 모든 우파 수정주의자들은 이 몇몇 문장들을 환호하면서 받아들였다. 『무엇을 할 것인가』가 역사적으로 퇴물일 뿐 아니라 과장된 정치적 발언이라고 레닌이 간주했다는 증거가 될 수 있기 때문이었다. 이들은 이 문장들을 하늘이 보낸 선물인 것처럼 반겼다. 그러나 이것은 레닌의 전위당 개념을 근본적으로 왜곡시키는 행위다. 『무엇을 할 것인가』가 1907년에 일면적으로 보인 이유는, 이 저작이 느슨한 선전 서클로부터 직업혁명가로 구성된 선동 정당을 수립하는 문제를 다루었기 때문이었다. 1902년의 이 논쟁적 저작은 선동 조직을 노동자 대중정당으로 전환시키는 문제들을 다루지 않았다. 그리고 혁명적 대중정당의 문제들과 임무들도 역시 다루지 않았다.

『12년』의 서문에서 레닌은 직업혁명가로 구성된 조직을 건설하는 작업은 대중적 혁명노동자당을 건설하는 데 있어 반드시 필요한 단계라고 주장한다. 그리고 이 단계에서 직업혁명가들이 조직의 핵심 중핵이 될 것이라고 말했다. 그는 《이스크라》 시기의 볼셰비키위원회 실무자들이 이후 모든 볼셰비키 당 조직들의 토대가 되었음을 이렇게 설명했다.

'우리 당의 월등한 통일성, 공고함, 안정성을 누가 성취했으며 존재하게 했는가?' 라는 질문이 생긴다. 직업혁명가들의 조직에 의해 이것이 성취되었다. 이 조직의 건설에 《이스크라》는 가장 크게 공헌했다. 우리 당의 역사를 잘 알고 있으며 당을 직접 건설하는 데 참여한 분자들은 예를 들어 1907년 런던 당 대회의 대의원 명부를 힐끗 보기만 하면 된다. 그러면 내가 말한 바의 의미를 즉시 확신할 것이다. 그리고 즉시 '이것은 고참 당원들의 명부다. 이들은 당을 건설하는 투쟁에서 누구보다 열심히 활동했으며 당의 현재 모습을 가능하게 한 핵심 중핵이다' 라는 사실을 인식할 것이다.

4장
당, 분파, '비판의 자유'

혁명에서 자유부르주아가 담당할 역할에 대해 볼셰비키와 멘셰비키는 서로 의견이 달랐다. 이로 인해 볼셰비키 중 멘셰비키와 화해하자고 주장하던 분자들의 영향력이 약화되었다. 그러나 이들이 완전히 사라진 것은 아니었다. 볼셰비키만 참석한 3차 당 대회가 1905년 4월에 열렸다. 이 대회에서 멘셰비키에 대해 어떻게 대응해야 할지가 쟁점이 되었을 때, 레닌의 의견을 지지하는 사람은 소수였다. 레닌은 당 대회에 불참한 멘셰비키들을 당에서 제명해야 한다고 주장했다. 그러나 대의원들 다수는 그렇게까지 극단적인 조치를 취할 생각이 없었다. 결국 당 대회는 이 문제에 대해서, 볼셰비키 지도부를 인정하고 당의 규율을 따르는 멘셰비키들은 당원으로 인정하기로 결정했다. 말할 나위 없이 멘셰비키들은 이 조건을 즉각 거부했다.

1905년 혁명이 시작되자 볼셰비키와 멘셰비키의 분열은 격화되었다. 그러나 혁명이 진전하면서 두 조직을 하나의 당으로 통합해야 한다는 압력이 엄청나게 거세졌다. 서로의 존재가 요구되는 여러 요인들로 인하여, 양쪽 진영 모두의 내부에 통합을 해야 한다는 공감대가 확산되었다. 차르 국가기구에 대한 군사적 공동 투쟁의 필요성이 선진 노동자, 사회민주주의 투사, 이 운동의 지지자들 사이에 강력한 연대의식을 만들어냈다.

1905년 여름이 되자 경제주의에 대한 《이스크라》 경향의 투쟁 또는 1903년 볼셰비키-멘셰비키의 분열과 그 여파 등을 경험하지 않은 젊고 새로운 조직원들이 두 진영의 다수파가 되었다. 그래서 이들 다수는 당의 분열을 이해하지 못했고 그 분열의 연유가 '먼 과거의 역사'에 있다고 생각했다. 이런 상황에서 멘셰비키 지도자들이 서로 치고받으면서 분열했다. 그러자 당을 분열시키고 있는 노선 차이가 별것 아니라는 정서가 팽배해졌다. 1905년에 가장 출중한 멘셰비키 지도자는 페테르부르크 소비에트 의장 트로츠키였다. 혁명의 전망과 목표에 대한 그의 입장은 레닌보다 왼쪽에 자리하고 있었다. 1905년 볼셰비키와 멘셰비키 다수의 정치적 입장은 각 진영 지도자들의 강령과 일치하지 않았다. 트로츠키는 1940년 8월에 스탈린이 보낸 암살자에 의해 살해되었는데, 그때까지 완성하지 못한 스탈린 전기에서 이렇게 말했다. "혁명에서의 사회민주주의의 역할에 대해 1905년의 멘셰비키 평당원들은 멘셰비키 지도자 플레하노프보다 볼셰비키 지도자 레닌에게 더 동의했다."

당 통합의 정서는 너무 강렬하여 몇몇 지역의 볼셰비키위원회는 지도부의 반대를 무릅쓰고 멘셰비키위원회와 통합해버렸다. 고참 볼셰비키인 오시프 피아트니츠키는 1920년대에 쓴 회고록에서 1905년 후반부 오데사 사회민주주의 운동의 상황을 이렇게 묘사하고 있다.

당의 통합 제안이 각각의 볼셰비키와 멘셰비키의 당 협의회에서 절대 다수로 통과될 것이라는 사실을 볼셰비키 지도부는 잘 알고 있었다. 왜냐하면 즉각 통합을 주장하는 자들이 연설을 할 때마다 이들은 거의 만장일치의 지지를 얻었기 때문이다. 그래서 볼셰비키위원회는 자신들이 반대했던 통합에 대해 조건을 제시하지 않을 수 없었다. 이렇게 하는 것은 매우 중요한 일이었다. 왜냐하면 조건을 내걸지 않았다면 통합은 아무런 조건 없이도 성사되었을 것이기 때문이다.

—『어느 볼셰비키의 회고록』, 1973년

1923년에 쓴 『볼셰비키 당의 역사』에서 그리고리 지노비예프(Grigory Zinovyev)는 1906년의 당 통합을 이렇게 요약하고 있다.

1905년 후반부 혁명의 결과 그리고 대중의 압력하에 볼셰비키와 멘셰비키 실무책임자들은 통합을 강요받았다. 실제로 대중은 여러 쟁점에서 볼셰비키가 멘셰비키와 화해하도록 강요했다.

어쩌면 지노비예프의 묘사는 지나치게 단순할지도 모른다. 레닌이 대중의 압력에 그저 굴복했을 것 같지는 않다. 그러나 통합을 열망하는 압도적 정서는 각 진영의 독자적 존재가 해당 당원들의 정치의식과 더 이상 일치하지 않는다는 것을 의미했다. 볼셰비키 당의 나이 어린 신참 당원 일부는 실제로 멘셰비키 좌파에 가까웠고 멘셰비키 신참 당원들은 볼셰비키 우파에 가까웠다. 1905년 혁명을 통해 사회민주주의 운동에 합류한 분자들을 기회주의 분자들과 구별시키기 위해서는 조직 내부의 사상 투쟁이 필요했다.

당의 재통합

1905년 가을, 볼셰비키 중앙위원회와 멘셰비키 조직위원회가 통합 협상을 시작했다. 러시아 국내의 볼셰비키 당 중앙위원회는 지역 차원의 통합을 당 통합의 방안으로 간주하고 이것을 승인했다. 이때 아직도 스위스에서 망명 중이었던 레닌은 하부에서 일어나고 있던 조직적 통합을 막기 위해 강력하게 개입했다. 새로운 당 대회를 열어 우선 분파의 강령에 따라 대의원을 선출한 후, 지도부 차원의 통합을 해야 한다고 레닌은 강력하게 주장했다. 당 중앙위원회에 보낸 1905년 10월 3일자 편지에서 그는 이렇게 말했다.

두 부분을 합치는 것을 두 부분을 **섞어버리는 것**과 혼동하지 말아야 한다. 두 부분을 합치는 것에는 동의한다. 그러나 이것들을 섞어버리는 것에는 결코 동의할 수 없다. 위원회들이 볼셰비키와 멘셰비키로 확연히 구분되고 각자가 독자적인 대회를 개최한 후 당이 통합되어야 한다. (강조는 원저자)

1905년 12월, 마침내 볼셰비키와 멘셰비키 동수로 구성된 통합당 지도부가 수립되었다. 그와 함께 멘셰비키의《이스크라》와 볼셰비키의《프롤레타리》가 폐간되고, 통합 기관지《당 소식》이 발행되었다.

이때 중요한 일이 벌어졌다. 공식 당 조직의 일원이 되어야 한다는 1903년 레닌의 당원 자격 조건이 멘셰비키들에 의해 받아들여진 것이었다. 이것은 부분적으로는 레닌주의에 대한 양보였다. 그러나

1905년과 1906년에 상대적으로 정치적 자유가 확보된 상황에서 공식 당 조직에 속하는 것이 대대적인 당원 가입에 장애가 되지 않는다는 현실을 주로 반영했다. 이 문제와 관련하여 멘셰비키들이 입장을 번복한 것은 사실이다. 그러나 당원이 조직의 규율에 복종해야 한다는 레닌의 강력한 요구가 지하활동의 특수성에서 나왔다는 널리 퍼진 잘못된 생각을 이 사실은 완전히 부인하고 있다. 왜냐하면 합법 활동이 비교적 보장되는 상황에서도 조직의 규율에 복종해야 한다는 점이 볼셰비키와 멘셰비키 모두에 의해 인정되었기 때문이었다. 이와 정반대로 지하활동의 엄격함과 어려움 때문에 당원의 자격 요건을 느슨하게 해야 한다는 것이 멘셰비키의 입장이었다. 비밀활동의 엄격함과 위험을 원치 않았던 사회민주주의 노동자와 지식인 들을 끌어들여 쪽수를 늘리는 것이 멘셰비키들의 소망이었기 때문이었다.

1906년 4월, 스웨덴의 수도 스톡홀름에서 4차 '통합' 당 대회가 열렸다. 대의원 분포는 멘셰비키가 62명, 볼셰비키가 46명이었다. 유대인노동자연합(분트), 라트비아 사회민주주의자들, 룩셈부르크와 요기헤스의 폴란드 사회민주주의자들도 대표를 보냈다. 이 대회에서 양 분파의 대의원 배정에 대해 이의를 제기한 사람은 아무도 없었다. 대의원 수는 러시아 사회민주주의 노동자들의 분파 지지도를 적절히 반영하고 있었다(1906년 초 멘셰비키의 당원 수는 약 1만 8천 명이었고 볼셰비키는 약 1만 2천 명 정도였다).

1906년 초에 멘셰비키들이 러시아 사회민주주의 운동의 다수파가 된 이유는 무엇이었을까? 첫째, 1905년 초 대대적인 당원 가입 정책에 대한 볼셰비키위원회 실무자들의 보수적 태도는 노동조합,

특히 소비에트 등 혁명이 수립한 대중조직에 대한 종파주의적 태도로도 드러났다. 이 때문에 광범위한 대중조직들에서 멘셰비키들이 지도부 자리를 선점할 수 있었다. 트로츠키는 멘셰비키들의 이익을 위해 분파투쟁을 하지는 않았다. 그러나 그가 페테르부르크 소비에트 의장이라는 사실은 레닌주의자들의 권위를 약화시켰다. 둘째, 멘셰비키들이 즉각적인 당 통합을 주장해왔기 때문에 젊은 신입 당원들의 정치적 순수성과 통합에 대한 열망에 부응할 수 있었다.

1905년 12월 볼셰비키들이 주도한 모스크바 봉기가 패배했다. 이로써 혁명은 퇴조하고 반동이 고개를 들기 시작했다. 볼셰비키들은 봉기의 패배를 혁명 전진기의 일시적 후퇴로 간주했다. 그러나 멘셰비키들은 혁명이 끝났다고 결론 내렸다. 이들의 입장은 1906년 초 대중의 패배주의 정서와 일치하고 있었다.

4차 당 대회가 열리는 동안 내내 레닌은 통합 당에 대한 자신의 충성을 여러 차례 확인하는 발언을 했다. 예를 들어 대회 폐막 시점에 그가 발표한 짤막한 분파 성명서에서 그는 이렇게 말했다.

오류라고 생각되는 대회의 결정 사항들에 대해 이념적으로 투쟁해야 하고 투쟁할 것이다. 그러나 동시에 어떤 종류의 분열도 반대한다고 당 전체에 선언한다. 우리는 대회의 결정 사항들에 승복한다. …… 노동자들의 사회민주주의 조직들은 통일되어야 한다고 우리는 굳게 확신한다. 그러나 이 통합 조직들 내에서 당의 문제들에 대한 광범위하고도 자유로운 비판, 당 생활에 대한 자유롭고 동지적인 비판과 평가가 있어야 한다.

—「과거 '볼셰비키' 그룹에 속했던 통합 당 대회 대의원들이 당원

전체에게 보내는 호소문」, 1906년 4월

당의 통합은 카우츠키의 '계급 전체의 당' 이론을 레닌이 추종하고 있었다는 것을 보여주었을 뿐 아니라, 1905년 혁명기에 사회민주주의 운동에 합류한 다수의 미숙하고 젊은 노동자들을 획득하려는 그의 전술적 술수를 보여주기도 했다. 이 두 가지의 전혀 다른 목적들 가운데 어느 것에 레닌이 더 비중을 두었는지는 알 길이 없다. 그리고 미래에 전개될 볼셰비키와 멘셰비키의 관계를 1906년의 레닌이 어떻게 예상하고 있었는지에 대해서도 알 수가 없다.

이후 멘셰비키와의 명확한 분립을 통해 볼셰비키 당을 수립할 것을 레닌이 고대했거나 계획했을 것 같지는 않다. 이렇게 할 경우 무엇보다도 제2인터내셔널에 의해 볼셰비키 당이 러시아 사회민주주의 운동의 유일한 대표로 인정받지 못할 것이라는 점을 레닌은 알고 있었다. 그리고 1912년 볼셰비키들이 실제로 멘셰비키들과 완전히 분립하면서 당의 법통을 이었다고 주장했을 때 제2인터내셔널의 지도부는 이 주장을 거부했다.

아마 레닌은 당의 지도부를 장악한 후 멘셰비키들을 당의 규율에 종속시키고 무의미한 소수파로 전락시키고 싶었을 것이다. 베벨/카우츠키의 독일사민당 지도부와 베른슈타인을 추종하는 수정주의자들 사이의 관계가 러시아에서도 반복되기를 레닌은 원했다. 그러나 멘셰비키 중핵들이 혁명정당의 규율에 복종할 용의와 능력이 없다는 것을 그는 알고 있었다. 또한 기회주의 경향이 그의 지도를 따를 정도로 그가 베벨과 같은 권위를 가지고 있지 못하다는 것도 레닌은 알고 있었다.

러시아 노동운동의 주도권을 잡으려는 과정에서, 레닌은 멘셰비키 평당원을 자기 편으로 끌어들이고 당 내부에서 분파투쟁을 수행하는 것으로 자신의 정치투쟁을 제한하지는 않았다. 그는 당에 속해 있지 않은 노동자와 급진 소부르주아 들을 곧장 볼셰비키 쪽으로 흡수하려 했다. 이 목적을 달성하기 위해 당내 볼셰비키 '분파'는 일반 독자 정당과 마찬가지로 신문, 지도부, 규율을 갖춘 조직, 재정, 공공활동, 지역위원회 등을 모두 겸비하고 있었다. 1906년부터 1912년까지 볼셰비키는 공식적으로는 통합 정당의 분파였으나, 독자 정당의 특징들을 거의 다 갖추고 있었다. 이 점은 트로츠키, 지노비예프, 멘셰비키 지도자 표도르 단 등 다양한 사람들도 나중에 인정한 내용이다.

1940년 미국의 트로츠키주의 대중정당인 사회주의노동자당에서는 치열한 분파투쟁이 벌어졌다. 이때 샤흐트만 분파를 비판하는 논쟁 중에 트로츠키는 이 시기의 볼셰비키들을 "정당의 특성들을 전부 갖춘 분파"였다고 말했다(『마르크스주의를 옹호하며』, 1940년).

지노비예프가 쓴 『볼셰비키 당의 역사』는 4차 당 대회 이후의 상황을 이렇게 묘사하고 있다.

당 대회 중에 볼셰비키들은 **당헌에 위배되는** 자신들의 중앙위원회를 구성해놓고 있었다. 이때 우리는 당 중앙위원회와 페테르부르크 소비에트에서 소수파였으며 우리의 **독자적 혁명 활동**을 숨겨야 했다. 우리 당 역사의 이 시기는 우리에게 매우 힘들고 불쾌했다. …… 두 정당이 한 정당의 구조 속에서 활동하고 있는 것 같은 그런 상황이었다. (강조는 인용자)

표도르 단이 1945년에 집필한 『볼셰비키주의의 기원』은 볼셰비키와 멘셰비키의 관계를 지노비예프와 유사하게 분석하고 있다.

러시아 사회민주주의 운동을 두 분파로 급속히 분열시킨 것은 조직 문제가 아니라 정치 문제에 대한 이견이었다. 두 분파는 통합 정당 안에 존재하며 때로는 밀접한 관계를 맺고 때로는 충돌하곤 했지만, 기본적으로는 각기 투쟁한 두 개의 독자 정당이었다고 할 수 있다.

민주집중제와 '비판의 자유'

1906년 4월의 4차 당 대회부터 1907년 5월 당 대회까지 볼셰비키들은 러시아사회민주노동당에서 소수 분파였다. 그리고 당의 지도력을 추구하는 과정에서 이들은 멘셰비키 중핵들을 획득하는 쪽으로 활동의 중심을 잡지 않았다. 몇몇 개인적 예외를 제외하면 레닌은 경험이 풍부한 멘셰비키 중핵들이 최소한 당면 시기에는 확고한 기회주의자일 것이라고 생각했다. 역설적으로 말하면 당의 재통합은 볼셰비키와 멘셰비키의 노선 차이를 더욱 고착시켰다. 볼셰비키나 멘셰비키의 고참들 가운데 편을 바꾼 경우는 거의 없었기 때문이다.

레닌이 당의 재통합에 합의한 이유 가운데 하나는, 두 진영이 계속 분열할 경우 다수의 사회민주주의 노동자들이 어느 진영에도 합류하지 않을 것이라는 우려 때문이었다. 당의 지도력을 장악한 멘셰비키들에 대항하는 핵심은 어느 쪽에도 가입하지 않은 분자들을 자기 쪽으로 끌어들이는 것이라고 그는 생각했다. 그래서 그는 공개적으로 멘셰비키 지도부를 공격할 수 있기를 원했다. 레닌이 민주집중제를 '비판의 자유, 행동의 통일'로 규정한 것은 바로 이런 역사적 맥락 때문이었다. 1906~7년 시기의 여러 경우에 레닌은 당 지도부의 행동이 아니라 입장을 공개적으로 비판할 수 있는 소수파의 권리를 주장했다.

충분히 예상할 수 있듯이 다양한 우파 수정주의자들은 레닌이 1906년에 주창한 '비판의 자유' 입장을 '재발견했다'. 사실 레닌의 이 입장은 계급 전체의 당 이론에 대한 추종과 멘셰비키들에 대한 전술이 결합된 산물이었다. 그런데도 이들은 이것이 레닌의 민주집중제의 진정한 모습이라고 선언했다. 1970년대 초에 사이비 트로츠키주의 조직인 제4인터내셔널통합서기국에서 분리해 나온 일부 중도주의 좌파 그룹들은 '비판의 자유'를 강령의 핵심으로 삼았다. 이 가운데 가장 중요한 그룹은 지금은 거의 소멸한 서독의 독일국제공산주의자들(Internationale Kommunisten Deutschlands)이다. 미국 사회주의노동자당 내의 레닌주의 분파는 이후 계급투쟁동맹으로 모습을 바꾸어 잠깐 존재했는데 역시 '비판의 자유' 입장을 옹호했다. 이 조직의 중심 지도자 바브라 지는 이 주제와 관련하여 1972년 「민주집중제」라는 긴 글을 작성했다. 이 글의 핵심 결론은 다음과 같다.

당과 당 신문이 노동계급의 것이므로 당 신문을 통해 정치적 차이들을 토론하는 것은 중요한 일이다. 이것이 레닌의 생각이었다. 노동자들이 당을 **자신들의** 당이라고 생각한다면, 당의 문제들을 **자신들의**

문제들로 그리고 당의 투쟁을 **자신들의** 투쟁으로 간주해야 한다. 다수파 지도부의 노선을 따르는 것 외에, 당의 지침에 따라 자신의 비판과 생각을 제출하는 것을 통해서도 당의 발전을 도울 수 있다고 노동자 당원들은 생각해야 한다. (강조는 원저자)

그리고 그녀는 1906년 5월 레닌이 발표한 글 「비판의 자유와 행동의 통일」을 수용하면서 이 글의 일부를 인용한다.

당 강령이 정한 **원칙의** 한계 내에서 당의 회의뿐 아니라 공개 집회에서도 지도부 노선을 비판하는 것이 아주 자유로워야 한다. …… 이러한 비판은 선동과 구분할 수 없으므로 '선동' 또한 금지될 수 없다.

여기서 레닌이 말하고 있는 '당'은 10월 혁명을 주도한 볼셰비키 당이 아니다. 증명된 기회주의자들인 멘셰비키들이 주도했으며 러시아 사회민주주의자들이 전부 모인 계급 전체의 당이 그가 지칭한 당이었다. 1906년의 러시아사회민주노동당을 혁명 전위당과 동일시하는 것은 볼셰비키주의와 멘셰비키주의의 차이를 없애는 것과 같다.

공개적으로 조직을 분리하지는 않았으나 레닌은 당의 멘셰비키 지도부가 볼셰비키들의 혁명 선동과 투쟁을 방해하는 것을 모든 수단을 동원하여 막았다. 볼셰비키들이 당헌을 어기고 공식적인 지도부를 세웠다는 지노비예프의 말은 이미 앞에서 인용했다. 그런데 그뿐만이 아니었다. 볼셰비키들은 독자적인 재정을 확보하고 있었다. 볼셰비키들은 페테르부르크 위원회에서 다수파가 되자마자 이

위원회의 후원을 통해 분파 기관지 《프롤레타리》를 다시 발간했다.

'비판의 자유, 행동의 통일' 원칙에 근거하여 볼셰비키와 멘셰비키가 같은 당에서 공생하는 것은 불가능했다. 이 점은 1907년 초에 치러진 페테르부르크 선거에서 증명되었다. 이 시기, 이 두 그룹 사이의 핵심 갈등은 입헌왕정을 옹호하던 자유주의 입헌민주당에 대한 선거 지지를 둘러싸고 폭발했다. 1906년 11월 당 협의회에서 멘셰비키 다수파는 타협안을 채택하여, 지역위원회들이 각자의 판단에 따라 선거 전술을 구사하도록 했다. 볼셰비키의 아성인 페테르부르크를 약화시키기 위해 당 중앙위원회는 이 도시의 위원회를 둘로 나누라고 명령했다. 그러자 볼셰비키들은 이 조치는 분파적 작태라고 합당한 비판을 하며, 명령을 거부했다. 선거 정책을 결정한 페테르부르크 협의회에서 멘셰비키들은 따로 조직을 수립한 후 페테르부르크 협의회의 존재 자체가 당규에 어긋난다고 주장했다. 그리고 볼셰비키 선거 정책에 반하여 입헌민주당을 지지했다.

이에 레닌은 「페테르부르크 선거와 멘셰비키 31인의 위선」을 통해, 멘셰비키들의 행동은 계급을 배신한 것이라고 비난했다. 그러자 당 중앙위원회는 '당원으로서 허용될 수 없는' 행위를 한 죄로 레닌을 기소했다. 그러나 이에 대한 재판은 5차 당 대회 이후로 연기되었고, 이 당 대회에서 볼셰비키가 다수의 지지를 받았기 때문에 레닌의 재판 문제는 흐지부지되었다.

멘셰비키들은 레닌이 '당원들의 정치적 도덕성에 의구심을 나타내고 있다'고 비난했다. 이에 대해 레닌은 스스로를 '방어'하면서 자신이 생각하는 '비판의 자유'가 무엇을 의미하는지를 명확히 밝혔다.

나는 페테르부르크 선거가 치러지기 전, 멘셰비키들을 날카롭고 무례하게 공격했다. 이를 통해 나는 **멘셰비키들을 신뢰하고 따르는** 노동계급의 부위를 동요하게 만드는 데 성공했다. 이것이 나의 목적이었다. 이것은 좌익 선거연합을 위해 투쟁하고 있던 페테르부르크 조직의 회원으로서 내가 수행해야 할 의무였다. 왜냐하면 **조직을 분열시킨** 후 입헌민주당의 발 아래로 노동계급을 인도하고 있던 멘셰비키들을 패퇴시키는 것이 …… **필요했기** 때문이다. 그리고 이들의 대오에 혼란을 일으키는 것이 필요했다. 통합 당의 당원이기를 **멈추고** 계급의 적이 된 자들에 대한 분노, 혐오감, 경멸감을 대중에게 불어넣는 것이 필요했다. …… 그때 나는 이런 정치적 적들에 대항하여 이들을 **전멸시키려는** 투쟁을 했다. 그리고 조직 분열이 반복되거나 진행될 경우, **언제라도 이런 종류의 투쟁을 벌일 것이다.** (강조는 원저자)

―「러시아사회민주노동당 5차 당 대회에 제출하는 페테르부르크 조직 분열 사건에 대한 보고」, 1907년 4월

1906년의 멘셰비키 당 지도부에 대한 레닌의 '비판의 자유' 입장은 1930년대 미국 트로츠키주의자들의 '민주집중제' 입장과 비슷하다. 당시 미국 트로츠키주의자들은 사민주의 정당들에 들어가 정치투쟁을 벌이고 있었다. 이들은 당원들과 비당원 대중에 대한 정치적 영향력을 최대로 행사하기 위해 민주집중제를 반대했다. 그리고 당시 사민당 지도부의 일부는 트로츠키주의자들을 억압하기 위해 민주집중제의 일반적 기준을 준수할 것을 요구했다. 노먼 타머스의 미국사회당에서 투쟁한 경험을 언급하면서 당시 트로츠키주의 운동의 지도자 제임스 캐넌은 민주집중제를 혁명 전위에게 독특

하게 적용하는 문제를 이렇게 잘 표현했다.

민주집중제는 그 자체로는 특별히 좋을 것이 없다. 이것은 혁명을 지도하기 위해 통일된 강령으로 단결한 전투 정당을 위한 특별한 원칙일 뿐이다. 사민주의자들은 이러한 조직 체계를 가질 필요가 없다. 이들은 혁명을 조직할 의향이 없기 때문이다. 이들의 민주주의와 중앙집중주의는 결합되기는커녕 각기 다른 목적을 위해 각기 달리 유지된다. 민주주의는 사회애국주의자들을 위한 것이고, 중앙집중주의는 혁명가들을 위한 것이다. 미국사회당 내에서 잼 타일러가 주도한 '명확성' 분파는 정치적으로 잡다한 구성을 보인 사회당(1936~7년)에 엄격한 '민주집중제'를 도입하려 했다. 그러나 이것은 민주집중제를 대단히 기이하게 왜곡한 행위에 불과했다. 더 정확히 말하면 이것은 사산된 민주집중제였다. 이들이 중앙집중화와 규율을 필요로 한 유일한 이유는 좌파의 권리를 억압하고 이들을 추방하고 싶었기 때문이다.

— 「덩컨 칸웨이에게 보내는 편지」, 1953년 4월 3일

1912년에 볼셰비키 분파는 멘셰비키와 최종적으로 분립한 후 볼셰비키 당을 건설했다. 이와 함께 레닌은 '비판의 자유'에 대한 1906년의 입장을 폐기했다. 1914년 7월, 국제사회주의 사무국은 러시아 사회민주주의자들을 다시 단합시키기 위해 협의회를 주선했다. 이때 레닌은 당의 통합을 위해 여러 가지 조건을 제시했는데, 이 가운데에는 '비판의 자유'를 명확히 거부한다는 조건도 있었다.

같은 도시나 지역에서 두 분파의 신문이 서로 경쟁하는 일은 엄격하게 금지되어야 한다. 소수파는 강령, 전술, 조직 등에 대한 이견을 **당원 전체 앞에서 토론할 권리를 갖는다. 그리고 이를 위해 특별히 토론집이 발간되어야 한다.** 그러나 이들은 다수파의 행동과 결정을 방해하는 내용의 글을 분파 신문에 실을 권리는 누릴 수 없다. (강조는 인용자)

　—「러시아사회민주노동당 중앙위원회가 브뤼셀 당 협의회에 보내는 보고」, 1914년 6월

더불어 레닌은 '문화적·민족적 자치'를 위해 공개적으로 선동을 하는 행위와 지하당을 수립하는 것도 금지되어야 한다고 명시했다. 「민주집중제」에서 바브라 지는 1914년에 레닌이 민주집중제에 대한 종전의 입장을 바꾸었다는 점을 인정하고 있다.

1914년이 되자 레닌은 다음과 같은 문제에 대한 자신의 입장을 명확히 바꾸었다. 전에는 러시아사회민주노동당 내에 분파 신문을 발행하는 것이 인정될 수 있다고 생각했으나 이제는 인정할 수 없다고 했다. 그런 행위가 노동계급을 혼란시키고 분열시킨다는 것이었다.

그런데 그녀는 '비판의 자유'를 레닌이 폐기한 것을 최소화시키고 있다. 공개적으로 경쟁하는 분파 신문뿐 아니라, 어떤 형태로든 소수파가 다수파의 입장을 공개적으로 조직 외부에서 비판할 권리도 레닌은 거부했다. 더욱이 지하당과 '문화적·민족적 자치'라는 두 가지 핵심 쟁점에 대해서도 소수파의 입장은 외부에서 공개적으

로 전혀 개진될 수 없다고 구체적으로 못박았다. 바브라 지와 같은 중도주의자들은 멘셰비키와의 통합을 인정하고 당에 대한 사회민주주의적 개념을 추종한 1906년의 레닌을 원한다. 그리고 멘셰비키와 최종적으로 결별했으며 혁명가와 개량주의자들이 통일된 당을 꾸려야 한다는 카우츠키의 당 개념에 도전한 1914년의 레닌을 거부한다.

혁명 전위당의 당원들 그리고 특히 이 정당의 지도적 중핵들은 비당원 분자 모두보다 정치적 계급의식의 수준이 질적으로 높다. 물론 노동자 대중이 사태를 올바로 파악하고, 혁명 지도부가 심각한 오판을 하는 경우도 분명 있을 수 있다. 그러나 이런 경우는 매우 드물 것이다. 만약 그렇지 못하다면 문제가 되는 것은 민주집중제의 일반적 기준이 아니라 당의 혁명적 성격 그 자체일 것이다.

혁명 조직 내부의 소수파는 조직의 지도적 중핵들이 되려고 노력해야 한다. 그리고 자신이 중핵이 아닐 때 중핵들에 대항하여 후진적 분자들에게 호소하는 일은 하지 말아야 한다. 전위 조직 내의 견해 차이는 부르주아 이데올로기의 압력을 가장 주요하게 대변하는 후진 분자들의 개입을 최대한 차단하면서 해소되어야 한다. 조직 밖에서 벌어지는 '비판의 자유'는 혁명 전위에 대한 의식적이고 정치적인 적들은 말할 것도 없고 후진 노동자들의 영향력을 최대한 허용한다. 따라서 이것은 노동계급 전위의 내적 응집력과 외적 권위에 심각한 해악이 된다.

5장
의회 기권주의자들에 대한 투쟁

러시아사회민주노동당 5차 대회는 1907년 5월 런던에서 열렸다. 이 대회에서 대의원 분포는 볼셰비키 89명, 멘셰비키 88명으로 양 진영의 세는 거의 대등했다. 1년 전에 열린 4차 대회에서 유대인노동자연합(분트), 라트비아사회민주당 그리고 룩셈부르크와 요기혜스가 주도한 폴란드-리투아니아왕국사회민주당 등은 반(半)연방주의 당 체제에 편입되었었다. 5차 대회에서의 이 조직들의 대의원 수는 각각 54명, 26명, 45명이었다.

볼셰비키들은 1년 동안 멘셰비키의 부르주아 자유주의 추종 노선과 입헌민주당 지지 노선에 맞서 격렬한 분파투쟁을 벌인 후였다. 이를 통해 이들은 소수파의 지위에서 벗어날 수 있었다. 이제 '민족' 사회민주당인 세 조직이 어느 쪽에 표를 던지느냐에 따라 당 지도부가 누가 되느냐가 결정될 터였다. 유대인노동자연합은 일관되게 멘셰비키를 지지했다. 라트비아사회민주당은 대체로 볼셰비키를 지지했으나 가끔 두 진영을 중재하기도 했다. 결국 5차 대회에서 레닌의 볼셰비키들은 다수파가 되어 이후 5년간 주요 당 기구의 지도부를 장악했는데, 이는 바로 룩셈부르크가 이끄는 폴란드사민당이 볼셰비키들을 지지했기 때문이었다. 1906년부터 1911년까지 레닌과 룩셈부르크가 동맹을 유지한 것은 실제 사실로서 중요할 뿐아니라, 자신의 모습을 확립해가고 있던 레닌주의와 1914년 이전까지 가장 일관되게 혁명 노선을 견지한 대표적 인물인 룩셈부르크 사이의 관계를 드러내고 있다는 점에서도 중요하다.

5차 당 대회에서 가장 중요하게 다뤄진 쟁점은 부르주아 자유주의에 대한 태도, 특히 입헌민주당에 대한 선거 지지 문제였다. 라트비아사민당, 폴란드-리투아니아사민당, 멘셰비키 좌파 트로츠키/파르부스 등의 지지로 볼셰비키 노선이 승리했다. 이 대회에서 입헌민주당은 아래와 같은 비난을 받았다.

"입헌민주당이 주도하고 있는 자유주의 입헌군주제 정당들은 이제 확실히 혁명에 등을 돌렸으며 반혁명 세력과의 협잡을 통해 혁명을 저지하려고 애쓰고 있다."

—로버트 맥닐 엮음, 『소련공산당 결의문들과 문서들』

이 대회의 또 다른 결의문은 당 의원단에게 이렇게 지시했다. "'의회를 사수하자'는 구호하에 실제로는 극우 정치깡패에게 대중의 이해를 희생시키는 부르주아 자유주의의 배신적 정책을 반대하라!"(앞의 책) 이 대회가 끝난 후 몇 개월 뒤에 열린 당 협의회는 '곧 있을 의회 선거에서 독자 후보를 출마시키며, 다른 어떤 당도 지지하지 않는다'는 결정을 내렸다.

한편 라트비아사민당과 폴란드-리투아니아사민당은 5차 당 대회에서 볼셰비키의 전반적 노선을 지지했다. 그러나 이들은 멘셰비키에 대한 레닌의 투쟁을 중재하기도 했다. 예를 들어 이들은 소수파가 되어 물러나는 멘셰비키의 중앙위원회를 레닌이 결의안을 통해 비난하자, 그 결의안에 대해 반대표를 던졌다. 그리고 차르 정부의 '기금을 몰수하는 투쟁'을 벌이고 있던 볼셰비키들의 정책을 압도적 다수로 반대함으로써, 레닌에게 유일하지만 심각한 패배를 안겨주었다.

이 시기에 멘셰비키들은 볼셰비키의 무장 몰수 투쟁에 정치적 공격을 집중하고 있었다. 이들이 볼셰비키의 몰수 투쟁에 대해 히스테리에 가까운 반응을 보인 이유는 간단했다. 이 행위가 부르주아 자유주의자들의 품위와 체면에 타격을 입혔기 때문이었다. 또한 이 투쟁을 통해 볼셰비키들의 재정 상태가 멘셰비키들보다 훨씬 좋아진 것도 공격의 이유였다. 무장을 동원하여 차르 정부의 기금을 몰수하는 볼셰비키의 행위를 비난하면서 멘셰비키들은 자신들이야말로 사회민주주의의 정통성을 조금의 오점도 없이 지키고 있다고 확신했다.

그러나 압도적인 위력과 중앙집중성을 가진 차르의 국가기구가 볼셰비키의 행위에 자극을 받아 즉시 사회민주주의 운동을 탄압할 상황은 아니었다. 또한 혁명을 빌미 삼아 범죄 행위를 일삼는 집단이라고 노동자들이 볼셰비키들을 비난할 가능성도 없었다. 더욱이 이 투쟁을 장기적으로 지속하여 조직 자체가 룸펜 범죄 집단으로 타락할 정도로 볼셰비키들이 이 투쟁을 '전략'으로 상정한 것도 아니었다.

혁명 상황이 지속됨에 따라 노동자와 농민 대중이 차르 정부가 허용하는 합법성을 적극 거역하게 될 것이라고 레닌은 믿고 있었다. 볼셰비키가 몰수 투쟁을 벌이는 곳은 주로 카프카즈 지역에 집중되어 있었다. 이 지역에서는 농민과 소수민족 세력들이 무장 전투부대를 결성하여, 꾸준히 차르의 권위에 도전하고 있었다. 이 몰수 투쟁은 계속되는 혁명 내전에서 취할 수 있는 게릴라 전술의 하나라고 레닌은 생각하고 있었다. 무장 몰수 투쟁을 둘러싼 볼셰비키와 멘셰비키의 공방은 전제 타도에서 노동계급 전위당의 정치적 군사적 역할에 대한 이들 사이의 근본적 견해 차이에서 비롯된 것이었다.

무장 몰수 투쟁에 대한 레닌의 입장은 1906년 4월에 열린 4차 당 대회에서 제출된 결의안에 제시되었다. 그는 이 입장을 1907년까지 견지했다.

1. 1905년 12월 봉기 이후 차르에 대한 혁명 내전이 완전히 중단된 곳은 러시아에 거의 없다. 혁명 인민은 적에 대해 산발적으로 게릴라 공격을 가하고 있다. …… 우리는 다음과 같은 의견을 제시하며 대회가 이에 동의할 것을 촉구한다. ……

4. 전제 정부의 기금을 몰수하는 목적을 위해 무장투쟁 역시 인정될 수 있다. 이 투쟁은 봉기의 필요에 부응한다. 이를 통해 인민의 이해가 가능한 적게 침해되도록 각별히 조심하고 있기 때문이다.

　　―「러시아사회민주노동당 통합 대회를 위한 전술 강령」, 1906년 3월

차르 반동기와 초좌익 볼셰비키들

5차 당 대회가 끝난 직후인 1907년 6월에 차르의 반동 장관인 스톨리핀(Pyotr Stolypin)이 의회에 대항하여 쿠데타를 일으켰다. 의회는 해산되었으며 이전보다 훨씬 비민주적인 선거제도에 근거하여 3차 의회 개원이 선언되었다. 이와 함께 러시아사회민주노동당 의원단이 체포되었다. 이들은 군대에서 반란을 사주했다고 기소되었다.

스톨리핀의 반동 쿠데타는 1905년 혁명이 확정적으로 끝났음을 알렸다. 차르 반동이 승리하자 당의 기본 조직으로 지하당을 다시 수립해야 할 필요에 대해 볼셰비키와 멘셰비키는 새로운 그러나 어떤 의미에서는 최후의 분쟁을 벌였다. 그리고 반동기가 시작되면서 볼셰비키 진영 내에서는 레닌주의와 초좌익주의가 아주 날카롭게 대립했다. 역사적 의미에서 훨씬 더 중요한 멘셰비키와의 분쟁을 끝장내기 전에, 볼셰비키들은 이 내부 분파투쟁을 먼저 정리해야 했다.

레닌과 초좌익 볼셰비키 사이의 분쟁은 차르가 허용한 반동 의회에 참여할 것인가의 문제에 집중되었다. 이 분쟁의 이면에는 반동기가 시작되었으며 혁명정당은 전술적으로 후퇴할 필요가 있다는 레닌의 인식이 깔려 있었다. 분파투쟁의 첫 싸움은 1907년 7월에 열린 당 협의회에서 임박한 의회 선거에 대한 정책을 둘러싸고 일어났다. 러시아는 일반적으로 혁명기를 아직 경과하고 있다고 레닌은 믿고 있었다. 그러나 선거에 기권하는 것은 전술적으로 정당화될 수 없다는 것이 그의 판단이었다.

1. 혁명이 광범위하게 모든 곳에서 급격히 상승하고 있으며 이것이 무장봉기로 발전하고 있을 때, 구체제의 첫 의회가 소집되면서 조성되고 있는 헌법적 환상에 대해 투쟁해야 할 이데올로기적 목적이 있을 때, 이때에만 의회 선거에 대한 적극적 기권은 사회민주주의당의 올바른 전술이 된다. 러시아 혁명의 경험은 이 교훈을 우리에게 가르쳤다.

2. 비록 혁명기의 모든 조건들은 그대로 있지만 위에서 말한 조건들은 지금은 사라졌다. 이 상황에서 혁명적 사회민주주의자들의 올바른 전술은 2차 의회와 마찬가지로 선거에 참여하는 것이다.

—「3차 의회 선거 참여에 대한 결의문 초안」, 1907년 7월

그러나 협의회의 볼셰비키 대의원 9명 가운데 이 결의안을 지지한 사람은 레닌밖에 없었다. 하지만 멘셰비키, 유대인노동자연합, 라트비아사민당, 폴란드사민당 등이 그의 결의안을 지지했기 때문에 그의 노선은 당의 공식 정책으로 채택되었다. 레닌을 제외한 볼셰비키 대의원 전원은 이 결의안에 반대표를 던졌다.

물론 이 협의회에서 볼셰비키 기권주의자들은 지나치게 대의원을 많이 배정받았다. 레닌의 입장은 볼셰비키 중핵과 평당원들 사이에 상당한 지지를 얻고 있었기 때문에 그는 재빨리 더 많은 지지를 확보할 수 있었다. 그러나 1907년부터 1909년까지 존재했던 초좌익 분파는 그 동안 레닌이 누려왔던 지도적 위치를 가장 심각하게 위협했다. 초좌익 지도자들은 레닌의 최측근이었던 보그다노프를 비롯해 루나차르스키, 리아도프, 알렉신스키, 크라신 등 대단히 출중한 볼셰비키들이었다. 더욱이 볼셰비키 평당원 대다수는 의회

기권 노선을 지지하고 있었다. 오직 레닌의 대단한 개인적 권위 때문에 초좌익 분파는 레닌과 그의 지지자들을 지도부에서 밀어내거나 주요한 조직 분열을 초래할 강력한 세력 결집에 실패했다.

초좌익 분파가 정치적으로 통일된 경향이 아니었기 때문에 레닌은 이 분파를 누를 수 있었다. 그리 중요하지 않은 전술적 문제가 이 분파를 소환파와 최후통첩파로 확연히 양분시켰다. 소환파는 의원단을 즉시 그리고 조건 없이 소환할 것을 요구했다. 최후통첩파는 의원단에게 정치적으로 대단히 자극적인 연설을 하도록 최후통첩을 보내 차르 당국이 이들을 의회에서 추방하거나 더 지독한 조치를 취하도록 유도할 것을 요구했다. 실제로 이 두 전술은 똑같은 결과를 가져올 것이었기 때문에 초좌익 분파가 내부적으로 상당히 분열되어 있다는 것을 레닌은 부인했다.

볼셰비키 지도부의 실질적 전원회의인 《프롤레타리》의 확대 편집위원회 협의회가 1907년 7월에 열렸다. 여기에서 레닌은 초좌익 분파에 대한 자신의 입장을 결의안의 형태로 제출했으며, 보그다노프(Aleksandr A. Bogdanov)는 볼셰비키 조직에서 제명당했다. 이 결의안의 핵심 부분은 이렇게 말하고 있다.

광범위한 대중의 직접적 혁명투쟁은 뒤이어 격심한 반혁명 시기를 맞이했다. 이 새로운 상황에 맞추어 우리 당이 혁명 전술을 운용하는 것은 대단히 중요한 일이었다. 그리고 이와 관련하여 가장 예외적으로 중요한 임무 가운데 하나는 당의 선동을 위해 의회를 공개 연단으로 활용하는 것이었다.

그러나 직접 혁명에 참여했던 노동자들의 일부는 이 급격한 상황의 변화에 적응하여 새로운 조건 속에서 혁명정당의 전술을 즉시 적용하지 못하는 무능력을 보였다. 단순히 공공연한 내전이 벌어지는 시기에는 혁명**적이었으나** 지금 단순 반복할 경우 새로운 투쟁 조건 속에서 노동계급의 혁명적 결집을 지체시킬지도 모르는 구호들을 이들은 단순히 반복하기만 했다. (강조는 원저자)

　　　　　　　—「소환주의와 최후통첩주의에 대하여」, 1907년 7월

보그다노프는 독자적으로 그룹을 결성한 후 1910년에 「모든 동지들에게 보내는 편지」를 썼다. 자기 그룹의 창립 문서인 이 글에서 그는 레닌의 입장에 대한 자신의 응답을 이렇게 요약했다.

"볼셰비키 지도부인 집행위원회 대표단 가운데 해외에서 살고 있는 일부 대표들은 '현 시기에 대한 이전의 평가를 급격히 바꾸어야 한다'는 결론을 내렸다. 새로운 혁명의 물결이 아니라 평화로운 헌법적 상황이 장기간 계속되는 시기를 예상하고 방침을 정해야 한다는 것이다. 이들의 입장은 우리 당의 우파인 멘셰비키와 가깝다. 이들은 정세 평가와 무관하게 합법적 활동 형태, 즉 '유기적 활동'과 '유기적 정세 발전'에 이끌리고 있다."

　　　　　　　—로버트 대니얼즈 엮음, 『공산주의 문서의 역사』, 1960년

"평화로운 헌법적 상황이 장기간 계속되는 시기"라는 보그다노프의 표현은 애매하다. 어쩌면 그는 의도적으로 이 애매한 문구를 사용했는지도 모른다. 레닌이 멘셰비키들 다수와 마찬가지로, 역사적 시기 전체, 즉 수십 년 동안 새로운 혁명이 터지지 않을 것이라

고 예상했던 것은 아니다. 1908년에 그는 '1905년과 같은 혁명의 상승기가 다시 오기 전에 당 활동 전망의 측면에서 그리고 볼셰비키들의 과거 경험과 예상에 비추어서 긴 시기가 존재할 것'이라는 결론을 내렸다. 그의 관점에서 보면 1908년은 혁명 전야인 1903년이 아니라 혁명투쟁이 가라앉은 반동기였다. 이것은 올바른 현실 인식이었다. 소환파/최후통첩파에게는 이 올바른 현실 인식이 결여되어 있었다.

철학과 정치

소환주의/최후통첩주의는 오스트리아의 물리학자이자 철학자인 에른스트 마흐(Ernst Mach)의 신칸트주의 사조인 이원적 관념론(idealistic dualism)과 연관되어 있었다. 이것은 당시 중부 유럽의 지식인 집단에서 크게 유행한 철학 사조였다. 보그다노프의 철학 저서 『경험일원론』(1905~6년)은 마르크스주의를 신칸트주의와 화해시키려는 야심찬 시도였다. 1908년, 보그다노프의 동료 루나차르스키는 이 관념론을 노골적인 유심론(spiritualism)으로 심화시키면서 사회주의 종교가 필요하다고 주장했다. '새로운 신을 창조'한 그의 이론은 일반 볼셰비키들은 물론 소환파/최후통첩파 분파에게도 엄청난 당혹감을 안겨주었다.

신칸트주의에 대한 보그다노프의 공감은 잘 알려져 있었을 뿐 아니라, 오랫동안 지속된 것이었다. 그가 레닌의 측근으로 머물면서 자신의 정치 성향을 내세우지 않을 때는, 볼셰비키와 멘셰비키 모두가 그의 신칸트주의를 개인적 특이성으로 여길 수 있었다. 그러나 보그다노프가 명확하고 상당히 중요한 경향의 지도자가 된 이상 그의 철학이론은 정치 논쟁의 초점이 될 수밖에 없었다. 특히 플레하노프는 보그다노프의 사상을 들먹이며 볼셰비키 강령이 노골적인 주관적 관념론의 산물이라고 공격했다. 이 때문에 레닌은 1908년 대부분의 시간을 보그다노프의 신칸트주의를 비판하는 논쟁서 『유물론과 경험비판론』 집필을 위한 연구 작업에 할애했다. 이 작업의 목적은 볼셰비키주의에 씌워진 철학적 관념론의 오명을 벗기는 것이었다.

보그다노프의 신칸트주의 그리고 이에 대한 레닌의 대대적인 논쟁 작업에도 불구하고 레닌과 그는 서로 밀착하여 정치적으로 협력했다. 이 사실은 자칭 혁명적 마르크스주의자들이 철학 문제에 대해 유사한 편향을 보이는 것을 스스로 정당화시키는 근거로 활용되어왔다. 신칸트주의를 신봉한 보그다노프가 중요한 볼셰비키 지도자였다는 사실은 유물변증법에 대한 무관심을 옹호하는 데에도 종종 활용되어왔다. 즉 마르크스주의 세계관의 가장 일반적이고 추상적인 표현인 유물변증법이 실제 정치 활동이나 이와 관련된 조직 소속과는 아무런 관련이 없다는 주장에 활용되었던 것이다. 1940년에 트로츠키주의와 결별했을 때 미국의 수정주의자 막스 샤흐트만은 변증법을 반대한 경험주의자 제임스 버넘과 연합했다. 샤흐트만은 이 연합을 정당화하기 위해 레닌과 보그다노프의 '선례'를 들었다.

이와 반대로 정치적 반대자의 관념론적 편향에 대해 레닌이 논쟁을 벌인 적이 있었기 때문에, 어떤 이들은 모든 분파투쟁을 철학 문제와 결부시켜 '심화시켰다'. 즉 모든 정치적 차이들을 유물변증법의 문제로 환원시키는 것이 여기에 해당된다. 허장성세와 이성적 관념론을 뒤섞는 것은 영국의 히일리그룹의 명확한 특징이 되어왔다. (현재 히일리/반다그룹은 너무 이상한 조직이 되어 버려서 이 조직을 진지하게 받아들이거나 이 조직의 철학적 신비주의를 인정하는 것은 더 이상 가능하지 않다.)

'철학'의 최우선적 지위를 주장하며 히일리그룹은 1972년에 과거 동맹자였던 프랑스의 신칸트주의 경향 국제공산주의조직(Organisation Communiste Internationaliste)과의 결별을 정당화했다. 이때 이들이 선례로 든 것이 보그다노프에 대한 레닌의 1908년 논쟁이었다.

가장 어려운 실제 투쟁의 시기에조차 레닌은 러시아에 혁명정당을 건설하기 위해 새로운 관념론자들인 신칸트주의자들의 사상을 지치지 않고 연구하였다. '경험비판론'의 형태로 이 사상은 볼셰비키의 일부 부위에 의해 인정되었다. 그러자 레닌은 전문적인 연구를 수행하여 이에 대해 책 한 권 분량의 『유물론과 경험비판론』을 저술했다.

1905년 혁명의 패배 이후 닥친 극단적인 어려움과 고립의 시기는 혁명 운동을 커다란 압력에 노출시켰다. 이 점을 레닌은 아주 잘 이해하고 있었다. **가장 중요한 기본적 임무**는 가장 기초적인 수준, 즉 철학에서 마르크스주의 이론을 방어하고 발전시키는 것이라고 그는 생각했다. (강조는 인용자)

—제4인터내셔널 국제위원회, 「트로츠키주의를 방어하며」, 1973년

앞의 주장은 여러 부분에서 명백한 왜곡을 일삼고 있다. 우선 반동기에 레닌이 했던 보다 중요한 정치투쟁은 보그다노프의 초좌익 볼셰비키들이 아니라 멘셰비키 청산주의자들을 물리치는 것이었다. 이 투쟁에서 철학 문제는 이렇다 할 역할을 하지 않았다.

히일리 추종자들은 레닌과 보그다노프의 관계도 왜곡하고 있다. 보그다노프가 1904년에 볼셰비키 지도부에 속했을 때, 그는 이미 잘 알려진 신칸트주의자요 마흐주의자였다. 논란거리인 철학 문제들에 대해 볼셰비키 경향은 입장을 채택하지 않을 것이라고 레닌과 보그다노프는 합의했다. 레닌은 막심 고리키에게 보낸 1908년 2월 25일자 편지에서, 보그다노프의 철학적 편향에도 불구하고 자신이 그와 과거 정치적 관계를 맺은 것을 인정하고 있다.

> 1904년 여름과 가을에 보그다노프와 나는 **볼셰비키로서** 완전한 합의에 도달했고 암묵적으로 동맹을 맺었다. 명확하게 언급을 하지는 않았지만 우리는 철학을 중립적 분야에 놓는 데 동의했다. 이 동맹은 혁명기 내내 유지되었고, 이 과정에서 우리가 함께 혁명적 사회민주주의(볼셰비키주의)의 전술을 수행하는 것을 가능하게 했다. 이것은 지금 내가 굳게 확신하건대 다른 선택지가 없는 올바른 전술이었다. (강조는 원저자)

볼셰비키 지도부를 엿먹이고 분열시키기 위해 유물변증법과 신칸트주의를 문제의 전면에 내세운 자는 바로 멘셰비키 우파 지도자 플레하노프였다. 그에 대해 볼셰비키들을 방어하는 과정에서 레닌은 신칸트주의적 수정주의는 러시아 혁명 운동에서 별로 중요한 문제가 아니라는 주장까지 했다. 1905년 4월, 볼셰비키들만 참석한 당 대회에서 레닌은 이렇게 말했다.

플레하노프는 마흐와 아베나리우스의 귀를 잡아당겨 데리고 왔다. 내가 조금도 공감하지 않는 이들이 사회혁명의 문제와 어떤 관계가 있는지 나는 도대체 알 수가 없다. 이들은 개인적·사회적 경험의 조직에 대해 또는 그런 종류의 주제에 대해 글을 썼다. 그러나 이들은 민주적 독재에 대해서는 조금도 생각하지 못했다.
　　—「임시 혁명 정부에서 사회민주주의자들이 참여하는 문제에 대한
　　보고」, 1905년 4월

나중에 보그다노프에 대한 투쟁의 결과를 인식한 요인이 일부 작용하여, 레닌은 정치적 차이와 철학적 차이를 지나치게 자의적으로 구분한 자신의 1905년 입장을 수정했다. 그는 유물변증법에 대한 마르크스주의자들 사이의 근본적 이견은 정치적 이견을 낳게 될 것이라고 생각을 바꾸었다. 그러나 혁명 노선이나 그와 연관된 조직 소속 등을 규정하는 데에는 강령이 가장 중요하다는 그의 생각은 여전히 바뀌지 않았다. 그는 1904년부터 1907년까지 자신이 보그다노프와 밀접한 정치적 협력 관계를 맺은 것을 결코 부정하지 않았다. 유물변증법을 옹호하지만 자유주의를 지지한 플레하노프에 대항하여 신칸트주의자이긴 하지만 혁명적 사회민주주의자인 보그다노프와 동맹한 것이 그로서는 전적으로 옳았다. 보그다노프의 신칸트주의 사상이 반(反)마르크스주의 정치 강령과 연관되었을 때에만 레닌은 관념론에 대항해 유물변증법을 옹호하는 것을 중심적 정

치적 임무로 간주했다.

변증법의 신비화에 대항하며

마르크스주의 강령은 노동계급의 이해와 사회 진보를 과학적으로 표현하고 있다. 그러나 이것은 사회주의 미래에 대한 주관적인 소망만으로 수립되지 않는다. 이것은 현실에 대한 올바른 이해를 통해서만 구현될 수 있다. 그리고 현실에 대한 이해를 가장 일반적으로 또는 추상적으로 표현하는 것이 유물변증법이다. 그러나 1877년에 마르크스는 러시아의 한 인민주의 잡지에 실은 글에서 이렇게 말했다. "나는 초역사성을 최대의 강점으로 하는 역사 철학의 일반 이론"을 제공하지는 않는다(마르크스와 엥겔스, 『서간문 선집』, 1975년). 구체적으로 전개되고 있는 사회를 과학적으로 이해하는 것을 보장하기보다는 허용하는 개념 틀이 바로 유물변증법이다. 다시 말해 사회 현실의 변증법적 성격을 이해해야 역사 현상에 대한 일반화가 가능하다(예를 들어 자본주의 국가기구는 사회주의 행정기관으로 개혁될 수 없으며, 한 시대의 집단적 경제체제는 노동계급의 사회 지배력을 나타낸다). 그리고 역사 현상의 일반화가 마르크스주의 강령의 토대가 된다.

히일리그룹이 철학을 신비화하는 것은 이 조직이 기이한 지도자 컬트 집단(개인 추종 집단—옮긴이)으로 추락했음을 드러낸다. 1960년대 초 히일리의 사회주의노동동맹(Socialist Labour League)은 '유물변증법은 통일된 세계관을 일반적으로 표현한 것일 뿐 경험적 현실과 떨어져 존재하는 추상적 도식이나 방식이 아니다'라고 이해했다. 레닌이 1914~5년에 헤겔을 연구한 것에 대해 이 조직의 이론가 클리프 슬로터는 1962년과 1963년에 걸쳐 논문들을 발표했다. 이 논문들은 『변증법에 대한 레닌의 사상』이라는 책으로 엮여 출판되었다. 이 책에서 그는 변증법을 이상화하는 것을 다음과 같이 강하게 비판했다.

변증법은 사물의 모든 비밀을 드러내는 한 세트의 마술 숫자 또는 만능열쇠가 아니라고 헤겔은 주장했다. 이 주장을 레닌은 크게 강조했다. 변증법의 논리를 뭔가 그 자체로 완벽하고 특정 예에 '적용되는' 것으로 생각하는 것은 옳지 않다. 이것은 우리가 배워서 외부로부터 현실에 끼워맞추는 해석의 모델이 아니다. 우리의 임무는 현실자체의 발전법칙을 찾아내는 것이다.

마르크스가 창시한 사회과학은 자체의 주제와 발전법칙을 가지고 독자적으로 움직이며 현실로부터 독립되어 현실에 내려와 이것에 개입하는 철학의 존재 자체를 부정한다.

그러면서 슬로터는 철학 개념에 대한 마르크스의 판단을 『독일 이데올로기』를 인용하여 설명한다. "현실이 묘사될 때 철학은 독자적 존재 기반을 상실한다."

그러나 1960년대 말, 히일리그룹은 철학의 독자적 존재 기반을 '재발견'했다. 유물변증법은 '마르크스주의 인식론' 그리고 인식론으로 알려진 철학적 범주의 표현으로 거창하게 제시되었다. 프랑스의 국제공산주의조직과의 분립을 둘러싸고 제출된 문서들을 모은 『중도주의와 단절하라!』(1973년)라는 문서집은 이렇게 주장한다.

이 문서집의 장들을 준비하는 데 있어 가장 중요한 것은 바로 '변화하는 객관 현실 속에서 노동계급의 의식을 이해하고 변화시키는 투쟁을 수행한다. 그리고 이를 통해 유물변증법을 발전시킨다'는 것이었다. 이것은 유물변증법을 마르크스주의 인식론으로 이해하고 발전시키는 것을 의미한다. ……
　　유물변증법은 마르크스주의 인식론이며, 오류에서 진리로 투쟁을 인도하는 이론이다. 물론 여기서 진리는 '최종적' 진리가 아니라 모순적인 투쟁을 통해 계속 전진하면서 객관 세계에 대한 진정한 의식을 획득하는 것을 의미한다.

유물변증법에 대한 히일리 추종자들의 사고는 대단히 편협할 뿐 아니라 인식을 이상화하고 있다. 유효하면서 독자적인 인식론은 존재하지 않는다. 개인이 인식을 수행하는 차원에서 보면 인식론은 생물적이고 심리적인 과학적 탐구를 통해 탄생했다. 사회 인식의 차원에서 보면 인식론은 역사적으로 구체적인 사회관계들을 이해하는 구성 부분에 불과하다. 따라서 마르크스주의자가 인식을 이해하는 중심에는 허위의식이라는 개념이 자리 잡고 있다. 다양한 사회적 역할과 관련하여 현실을 필연적으로 왜곡하는 것이 허위의식이다.
　　인식론이라는 전통적인 철학 범주는 경험주의의 형태를 취하든 합리주의의 형태를 취하든 자연과 사회로부터 의식 주체를 분리시킨다. 이 때문에 이 범주 자체는 허위의식의 이데올로기적 표현에 불과하다. 유물변증법은 다른 철학 개념과 범주 들은 물론이고 인식론에 대한 전통적인 다양한 개념들도 비판한다. 그러나 마르크스주의는 자신을 새로운 대안철학으로 내세우며 전통 철학을 비판하지는 않는다. 자연과 사회에 대한 과학적인 이해, 즉 경험적으로 확증할 수 있는 이해와 독립되어 존재하는 것으로 자신을 포장하지는 않는다.

히일리그룹은 유물변증법을 "오류에서 진리로 투쟁을 인도하는" 길로 신비화하고 있다. 이 신비화의 주요 목적은 지도자 컬트의 무오류성을 정당화하는 데에 있다. 이 그룹의 지도부가 제시하는 강령, 분석, 전술과 전망 등은 경험적 확증의 절차로부터 면제된다고 이들은 주장한다. 예를 들어 지금까지도 이 그룹은 쿠바가 자본주의 체제라고 주장한다! 이 그룹을 비판하고 반대하는 세력에 대해 이들은 '당신들은 현실을 이해하지 못하고 있다!'고 면박을 준다. 현실을 올바로 이해하는 능력은 자기 지도부에게만 있으며 이들만이 변증법적 방법론을 통달했다는 것이다. 따라서 변증법에 대한 히일리그룹의 신비화와 신비주의 종교가 서로 유사한 내용을 가지고 있는 것은 결코 우연이 아니다.

요약하자면 보그다노프와 버넘처럼 유물변증법을 체계적으로 거부하면 조만간 과학적인 마르크스주의 강령과 결별할 수밖에 없다. 그러나 혁명정당 내부의 모든 진지한 정치적 견해 차이가 적대적인 철학적 개념들로 환원될 수 있으며 되어야 한다고 히일리처럼 주장하는 것은 합리주의적 관념론의 일종이다. 이러한 철학적 환원론은 '정치적 견해 차이는 보통의 경우 혁명 전위와 그 구성 부분들에 가해지는 부르주아 사회의 다양한 압력과 영향력으로부터 발생한다.

또한 이것은 현실적·경험적 조건들과 가능성들을 평가하는 데에 있어서 드러나는 차이에서도 발생한다'는 사실을 부정한다.

소환주의/최후통첩주의에 대한 투쟁의 의의

레닌주의자들과 소환파/최후통첩파 사이의 분파투쟁은 앞에서 언급했듯이《프롤레타리》확대 편집위원회의 1909년 6월 협의회에서 끝이 났다. 이 회의는 '볼셰비키주의는 소환주의/최후통첩주의와 아무런 관련이 없다. 당의 볼셰비키 분파는 혁명적 마르크스주의에 대한 이 편향들에 대해 대단히 비타협적으로 투쟁한다'고 결의했다. 보그다노프가 이 결의문을 인정하지 않자 볼셰비키 분파는 그를 제명했다.

앞서 지적했듯이 보그다노프의 제명을 정당화하면서 레닌은 카우츠키의 계급 전체의 당 이론을 자신이 따르고 있다고 확인했다. 그는 카우츠키의 '당'과 분파를 확연히 구분하면서 후자는 통일된 강령과 전망을 가져야 한다고 주장했다.

우리 당에서 볼셰비키주의는 볼셰비키 **분파**에 의해 대표되고 있다. 그러나 분파는 당이 아니다. 당은 온갖 종류의 견해와 견해 차이들을 전부 수용할 수 있으며 견해들의 양 극단은 크게 모순을 일으킬 수 있다. 독일 당의 경우, 카우츠키의 확연히 혁명적인 분파와 함께 베른슈타인의 초수정주의적 분파도 존재한다. 그러나 이 사정은 분파의 경우에는 해당되지 않는다. 당내의 분파는 **같은 생각을 지닌** 개인들의 집합으로, 명확한 방향으로 당에 영향력을 미치려는 목적을 주되게 갖고 있다. 또한 이를 통해 가장 순수한 형태로 자신들의 원칙들을 인정받으려는 목적을 지니고 있다. 이를 위해서는 진정한 **의견의 일치**가 필요하다. 볼셰비키 분파 내 분쟁의 실체를 파악하려는 모든 사람들은 **당**의 단결과 **분파**의 단결을 위한 기준의 차이를 제대로 이해해야 한다. (강조는 원저자)

— 「《프롤레타리》 확대 편집부 협의회에 대한 보고」

보그다노프는 볼셰비키 분파에서 제명되자, 자신과 뜻을 같이하는 사람들과 함께 《전진》을 중심으로 하여 독자 그룹을 결성했다. 이들은 1905년에 간행된 첫 볼셰비키 기관지의 이름을 자신들의 기관지 이름으로 의도적으로 사용했다. 이들은 자신들이야말로 진정한 볼셰비키주의를 옹호한다고 주장하면서 볼셰비키 분파 평회원들의 지지를 호소했다. 다수의 볼셰비키 노동자들은 소환파/최후통첩파를 지지했다. 그러나 이들은 의회 참여 문제로 레닌의 조직에서 나갈 생각이 없었다. 이 때문에 레닌은 소환파/최후통첩파가 완전히 사라질 때까지 이후 몇 년간 볼셰비키 조직 내의 다양한 초좌익 경향들에 맞서 투쟁해야 했다.

소환파/최후통첩파는 자신들이야말로 진정한 볼셰비키 전통을 수호하고 있으며 레닌은 멘셰비키와 화해한 자라고 주장했다. 이 주장은 그저 무시해버릴 수 있는 것은 아니었다. 보그다노프, 리아도프, 크라신, 알렉신스키 등은 초기 볼셰비키 중앙의 핵심들로 레닌의 최측근 인물들이었고, 루나차르스키는 볼셰비키 분파의 공개 연설가로 이름이 높았다. 이 때문에 멘셰비키들은 레닌의 가장 유명하고 가장 재능이 뛰어난 협조자들이 도망쳤다고 레닌을 놀려댔다. 1907년부터 1909년까지 진행된 소환파/최후통첩파에 대한 분파투쟁의 결과 좀ᅦ더 젊은 볼셰비키 중핵들을 중심으로 새로운 레닌주의 지도부가 형성되었다. 이들은 지노비예프, 카메네프, 리코프, 톰스키 그리고 약간 나중에 합류한 스탈린 등이었다. 이들은 소비에트 정권 초기까지 볼셰비키 지도부의 핵심이었다.

그렇다면 어떻게 하여 볼셰비키 지도부 1세대는 초좌익 노선으로 이탈했고 이들 대신 2세대 지도부가 자기 모습을 형성하면서 성숙해가고 있던 레닌주의에 동화되었는가? 볼셰비키들은 러시아 사회민주주의 운동의 혁명 분파로부터 나왔을 뿐 아니라, 경험으로 미루어 혁명의 전망에 대해 낙관하고 있었다. 그리고 이 자신감 넘치는 낙관적 전망은 사건들의 진행에 의해 올바른 것으로 입증되었다. 일반적으로 1903년부터 1907년까지는 혁명 투쟁이 상승하는 시기였으며, 이때 볼셰비키는 대중정당을 건설했다. 따라서 볼셰비키 가운데 어느 한 부위가 반동의 승리로 인한 당의 광범위한 조직적 후퇴를 현실로 인정하지 않으려 했던 것은 이해할 수 있다. 이들은 현실 상황이 불리하자 빈곤하고 교조적인 급진주의를 들고 나왔으며, 이것은 극단적으로는 사회주의 유심론의 형태를 띠었다. 레닌은 반동의 승리를 완전히 인정하고 노동계급 전위의 투쟁 전망을 이에 따라 적응시켰다. 그리고 이를 위해 그 동안 정치적으로 가장 가까웠던 측근들과 결별하는 결단을 내렸다. 이 점에서 혁명 정치인으로서 레닌의 위대성이 빛을 발하고 있다.

6장
멘셰비키와의 최종적 분립

1907년 6월 스톨리핀의 의회 쿠데타와 함께 러시아사회민주노동 당은 불법화되었고 이 정당 소속 의원단은 체포되었다. 노동조합이 나 협동조합 등 합법·반(半)합법 노동자 조직 내에 세포 조직을 계 속 유지할 수는 있었으나 당 자체는 지하조직으로밖에는 존재할 수 없는 상황이었다. 당의 온전한 사회주의 강령은 비합법 신문을 통 해서만 선전될 수 있었다. 1907년 말, 1908년 초에는 당의 지역위 원회들도 활동을 계속하기 위해 지하로 들어갈 수밖에 없었다.

지하조직이 될 경우 당의 기능이 상당히 축소될 수밖에 없었다. 혁명기에 당원이 된 다수의 미성숙 노동자들과 급진 지식인들은 지 하활동을 할 의지와 능력이 없었다. 게다가 차르 반동의 승리로 노 동 대중은 절망에 휩싸인 상태였다. 이들은 비합법 조직이 되어 탄 압을 당하고 있는 당을 대규모로 이탈했다. 1908년에 당에는 주로 혁명에 헌신하기로 한 혁명가들만 남게 되었고, 조직 규모는 상당 히 축소되었다.

멘셰비키의 청산주의와 그 목적

1908년, 조직 문제에 대한 볼셰비키와 멘셰비키 사이의 견해 차이가 다시 부각되었다. 앞에서 얘기한 바와 같이 1906년 '통합' 당대회에서 멘셰비키는 레닌의 당원 자격 기준을 받아들였다. 당시에는 열린 공간에서 공식 조직에 참여하고 그 규율을 받아들이는 것이 광범위한 분자들을 당원으로 유입하는 데에 장애가 되지 않았다. 그러나 1908년은 상황이 전혀 달랐다. '축소된 채 중앙집중화된 당이 필요하냐 아니면 광범위하며 형체가 뚜렷하지 않은 당이 필요하냐'라는 오랜 분쟁이 다시 불거져 당을 뒤흔들었다.

대부분의 멘셰비키 중핵들은 볼셰비키를 따라 지하로 들어가지 않았다. 러시아 국내의 지도자 포트레소프의 지도를 따라 멘셰비키 중핵들은 합법 노동자 조직에만 활동을 제한하고, 합법 신문을 발간하는 데 역량을 집중했다. 그러나 당 조직이나 규율에 종속되지 않으면서도 이들은 여전히 자신들이 당원이라고 자임했으며 멘셰비키 해외 지도부에 의해 당원으로 인정받았다. 레닌은 이 멘셰비키 노선에 대해, 자유주의에 근거한 형체 없는 운동을 위해 당을 실질적으로 해체하는 청산주의라고 비난했다.

청산주의에 대한 볼셰비키와 멘셰비키의 분쟁을 적대적인 조직론의 표현으로 단순하게 이해하면 안 된다. 볼셰비키는 공식 당 기구들에서 다수파였다. 바로 이 점이 멘셰비키의 청산주의를 부추긴 중요한 요인이었다. 레닌주의 당 지도부로부터 이탈하겠다는 멘셰비키의 일반적인 경향이 극단화되어 청산주의로 표현되었던 것이다.

1907년 말에 차르는 새 의회를 열었다. 이때 당 의원단의 다수를 차지한 멘셰비키들은 해외의 당 지도부로부터의 독립을 선언했다. 이것이 합법 활동에 필요한 법적 외피라는 것이었다. 의원단이 망명 당 중앙에 종속되지 않는다는 공개 선언은 올바른 보안 조치일 수도 있었다. 그러나 문제가 있었다. 멘셰비키 의원들은 이 법적 외피에 진정한 정치적 내용을 부여한 것이었다. 그런데 이들의 기회주의는 의회에서 아예 철수해야 한다고 주장한 볼셰비키 초좌익 분자들의 영향력을 더욱 강화시켰다.

1908년 초에 마르토프, 단, 악셀로드, 플레하노프 등 멘셰비키 망명 지도부는 자신들의 분파 기관지 《사회민주주의 소리》를 다시 발간했다. 1908년 중반, 러시아 국내의 당 중앙위원이자 멘셰비키였던 브로이도는 볼셰비키의 무장 몰수 투쟁에 항의한다는 핑계로 중앙위원에서 사임했다. 이와 거의 동시에 해외의 당 중앙위원이자 멘셰비키였던 골드만과 마르티노프는 결의문을 돌렸다. 이 결의문의 내용은 러시아 국내 운동의 혼란상을 고려하여 공식 당 지도부는 지시를 하달하지 말고 대신 수동적으로 당 활동을 확인하는 데 만족해야 한다는 것이었다.

레닌이 아니라 마르토프가 공식 당 지도자였다면 멘셰비키들은 당 조직에 전적으로 충성했을 것이 확실했다. (더욱이 당 규약을 활용하여 볼셰비키들을 박살냈을 것이었다.) 그러나 이들은 레닌주의자들에 반대하여 당을 지하조직으로 규정하는 것에 원칙적으로 반대했다. 지하조직과 당의 관계에 대한 마르토프의 입장은 《사회민주주의 소리》 1909년 8·9월호에 정확하게 표현되었다.

"어느 정도 경계가 확실히 규정되고 목적이 분명한 조직이 **당 건설**에 참여할 때에만 그 의미가 있다(그리고 큰 의미가 있다). 그런데 지금 당은 현실적 필요에 의해 경계가 확실히 규정되어 있지 않으며 주로 합법 공개 노동자 조직들로부터 지지를 받고 있다." (강조는 원저자)

—이스라엘 게츨러, 『마르토프』, 1967년

지하조직의 의의를 격하시키는 이 입장은 부르주아 자유주의자들이 중요시하는 정치적 품위를 유지하려는 욕구를 드러냈다. 동시에 당을 광범위한 대중조직들과 동일시하는 경향을 표현했다.

멘셰비키는 자신의 강령과 조직의 영향력을 확대시키기 위해서는 불법 비밀 활동을 할 준비가 되어 있었다. 그러나 지하당 자체는 부정했다. 1911년부터 멘셰비키 청산주의자들은 지하조직을 구축했다. 다만 이것은 볼셰비키 조직만큼 효율적이지도 않았고 대중적 영향력을 확보하지도 못했다.

1908년부터 1912년까지의 시기에 모습을 보인 멘셰비키의 청산주의는 사회민주주의 기회주의의 극단적 표현이었다. 이것은 다음과 같은 주요한 요인들에 의해 초래되었다. 첫째, 부르주아 자유주의가 중시하는 정치적 품위에 대한 소망. 둘째, 당과 광범위한 노동자조직들을 동일시하는 일반적 편향. 셋째, 대중조직들은 합법이었으나 당은 비합법이었다는 사실. 넷째, 레닌이 장악한 러시아사회민주노동당의 공식 지도부. 다섯째, 멘셰비키의 조직적 허약성.

투쟁이 시작되다

1908년 12월 파리에서 열린 당 협의회에서 청산주의에 대한 투쟁이 처음으로 개시되었다. 이 협의회에서 볼셰비키는 5명의 대의원을 배정 받았는데 이 가운데 3명은 초좌익 볼셰비키였다. 그리고 볼셰비키의 동맹 세력인 룩셈부르크/요기헤스의 폴란드-리투아니아왕국사회민주당도 5명의 대의원을 배정 받았다. 멘셰비키와 이들의 동맹 세력인 유대인노동자연합에게는 각각 3명의 대의원이 할당되었다.

초좌익 볼셰비키를 제외한 협의회 대의원 전원은 혁명이 확실히 끝났으며 기약을 할 수 없는 반동기가 시작되었다고 인식했다. 그리고 이에 따라 당의 임무와 전망도 달라져야 했다. 이 상황에서 비합법 당 조직이 다른 무엇보다도 우선한다고 레닌은 주장했다. 이 문제에 대한 그의 결의안이 통과되었다. 이때 멘셰비키는 전부 반대표를 던졌고 유대인노동자연합은 표가 갈렸다. 결의문의 내용은 다음과 같다.

"변화된 정세로 인해 당 활동을 합법·반(半)합법 노동자 조직으로 한정하는 것은 갈수록 불가능해지고 있다. ……

당은 기존의 비합법·반(半)합법 그리고 가능할 경우 합법 조직들에 대해, 그리고 새 조직들을 건설하고 강화하는 일에 각별히 관심을 기울여야 한다. 이로 인해 당은 대중 사이에서 선동, 선전, 실제 조직 작업 등을 할 수 있는 진지를 구축할 수 있다. …… 이 작업은 각 공장에 노동자위원회가 존재할 때에만 가능하며, 효과적일 수 있다. 노동자위원회는 수가 적다 하더라도 당원들로만 구성되어야 한다. 이 위원회는 대중과 밀접한 관계를 맺을 것이다. 그리고 합법 조직의 모든 작업은 **비합법 당 조직의 지도하에** 수행될 때에만 가능하고, 효과적일 수 있다.″ (강조는 인용자)

　　　　　　　　—로버트 맥닐 엮음, 『소련공산당 결의문들과 문서들』

이 협의회에서 레닌은 자신의 다수파 지위를 이용하여 청산주의를 직접 언급하며 비난했다. 그리고 이것이 급진 지식인층의 동요와 출세주의의 표현이라고 규정했다.

"다수의 지역에서 지식인 당원 일부가 당의 기존 조직을 청산하고 합법의 틀 내에서 형체가 없는 잡탕으로 당을 대신하려고 한다. 그들은 이를 위해 어떤 대가든 치를 각오를 가지고 있다. 심지어 당의 강령, 임무, 전통 등을 공개적으로 거부하면서까지 이를 추진하고 있다. 우리는 이 점을 주목하며, 협의회는 이 청산주의 기도에 대해 최대한 결연하게 이데올로기적·조직적 투쟁을 수행하는 것이 매우 중요한 일임을 밝힌다."

　　　　　　　　　　　　　　　　　　　　—앞의 책

앞에서 이미 논의했듯이 레닌은 멘셰비키주의를 노동자운동 내부의 기회주의 경향이 아니라, 급진 지식인층의 이해와 태도로 간주했다. 이 점에서 레닌은 카우츠키의 방법론을 따랐다. 즉 수정주의의 사회적 기초가 사회민주주의 운동의 동반자인 소부르주아 계급이라고 생각했다.

그런데 멘셰비키들 역시 레닌이 이끄는 볼셰비키가 소부르주아 편향, 즉 무정부주의를 대표한다고 비난했다. 예를 들어 1908년 초반에 플레하노프는 멘셰비키 기관지 《사회민주주의 소리》의 재창간에 대해 "볼셰비키의 바쿠닌주의에 대항하여 사회민주주의 원칙이 승리"하기 위한 첫걸음이라고 묘사했다(레너드 샤피로, 『소련공산당』, 1960년). 또한 멘셰비키들은 볼셰비키들이 노동계급의 지지를 받는 것에 대해, 아직 농민과 밀접히 관계를 맺고 있는 러시아 노동계급의 원시성을 레닌주의자들이 참주선동을 통해 이용하고 있다고 주장했다.

이렇게 양 진영은 서로를 진정한 사회민주주의자, 즉 노동계급에게 향하는 사회주의자가 아니라고 비난했다. 볼셰비키는 멘셰비키를 소부르주아 민주주의자, 부르주아 자유주의 좌파, 입헌민주당의 급진파 등으로 바라보았다. 반면 멘셰비키는 볼셰비키가 소부르주아 무정부주의자, 사회민주주의자로 위장한 급진 인민주의자라고 비난했다. 서로에 대한 이런 평가는 선동을 위한 억지도 아니고, 논쟁의 필요에 따른 과장도 아니었다. 이것은 볼셰비키와 멘셰비키가 서로의 정체를 파악한 후 진심으로 표현한 것이었다. 양 진영 모두 모든 사회민주주의자들이 모인 통합 당의 원칙을 따라왔다. 그런데 이제 상대 진영이 노동계급에 기반을 둔 진정한 사회주의 운동의 일부가 아니라고 선언하게 되었고, 그를 통해 당의 분열이 정당화될 수 있었다.

당의 존재를 지지하는 멘셰비키와 볼셰비키 화해주의자들

1908년 말 청산주의자들에 대한 레닌의 투쟁은 전혀 예상하지 못한 원군을 만났다. 그는 바로 플레하노프였다. 러시아 마르크스주의의 시조인 그는 멘셰비키 지도부와 결연히 단절하고 자신의 신문인 《사회민주주의 일기》를 창간했다. 그리고 레닌과 비슷한 어조를 사용하여 기존 당 조직을 포기하는 청산주의를 공격했다.

1909년부터 1911년까지의 플레하노프의 정치적 행동은 겉으로 보면 수수께끼 같다. 왜냐하면 지금까지 거의 모든 정치 문제들에서 그는 멘셰비키의 맨 오른쪽에 위치해 있었기 때문이다. 레닌과 분립하자고 크게 목소리를 높인 것도 그였다. 물론 주관적인 고려 사항이 이 태도의 요인이 되었을 수도 있다. 플레하노프는 대단히 자존심이 강한 인물이었기 때문에 마르토프나 포트레소프 등 자기보다 나이가 한참 어린 멘셰비키 지도자들의 그늘에 자신이 가려진 것을 한스러워했을지도 모른다. '당의 존재를 지지하는' 멘셰비키 입장이 어쩌면 자신을 다시 러시아 사회민주주의 운동의 최고 지도자로 올려놓을 수도 있을 것이라고 생각했는지도 모른다.

그러나 플레하노프의 청산주의 반대 입장은 그의 일반적인 정치관에 크게 어긋나는 것은 아니었다. 그는 언제나 노동계급 대중의 자연발생성보다 마르크스주의, 즉 과학적 사회주의의 지도부가 필요하다고 믿어왔다. 1900년에 경제주의에 대해 그가 비타협적으로 투쟁한 이유가 여기에 있었다. 역설적으로 1905년 혁명에 대한 그의 우파적 입장은 대중의 자연발생성에 대한 자신의 불신을 강화시켰다. 그는 러시아 노동계급이 무정부주의적이고 원시적이라고 생각했다. 대중이 가지고 있는 이 충동을 억제시키기 위해서는 강력한 사회민주주의 정당이 필요하다고 그는 믿었다. 그와 멘셰비키 청산주의자들 사이의 분쟁은 러시아의 부르주아 민주주의 혁명에 헌신하는 1914년 이전 유형의 정통 마르크스주의자와 러시아 노동계급의 직접적 경제적 이해를 옹호하는 데 주로 관심이 있는 노동개량주의자 집단 사이의 분쟁이었다.

플레하노프처럼 '당의 존재를 지지하는' 멘셰비키는 수가 적었으며 이 가운데 일부만이 이후 볼셰비키 진영에 합류했다. 1912년 1월 프라하에서 열린 당 협의회에서 레닌은 볼셰비키 분파가 러시아사회민주노동당이라고 선언하며, 독자적인 볼셰비키 당을 창당했다. 물론 플레하노프는 이에 반대했다. 플레하노프를 비롯해 '당의 존재를 지지하는' 멘셰비키들은 수는 적었지만 분파투쟁에서의 영향력은 대단히 컸다. 러시아 및 국제 사회민주주의 운동권에서 플레하노프의 권위는 여전히 대단했다. 멘셰비키의 주요 부위가 사회민주주의 정당을 청산하고 있다는 플레하노프의 강력한 비난은 레닌의 주장에 대한 신뢰도를 엄청나게 높여주었다. 왜냐하면 플레하노프는 분파의 이익 때문에 사태를 왜곡하거나 과장하는 사람으로 생각될 만한 인물이 아니었기 때문이다. 실제로 1912년에는 '당의 존재를 지지하는' 멘셰비키 몇 명이 볼셰비키 진영에 합류했다. 이 덕분에 볼셰비키들이 공식적으로 러시아사회민주노동당의 법통을 잇고 있다는 레닌의 올바른 주장은 크게 힘을 얻었다.

러시아 국내의 볼셰비키와 멘셰비키는 1909년에는 대중적 영향력을 위해 서로 경쟁하는 두 진영으로 이미 나누어져 있었다. 1909년 중반에 볼셰비키 지도부들이 모인 협의회에서 레닌은 볼셰비키 분파가 실질적인 러시아사회민주노동당이라고 주장했다.

한 가지 사항을 분명히 염두에 두어야 한다. 결의문이 말하고 있듯 이 당을 보존하고 강화시키는 책임은 **이제 전부는 아니라도 주로** 볼셰 비키 분파에게 있다는 것 말이다. 특히 현재 여러 지역들에서 진행 중인 당 활동의 **전부 또는 실질적인 전부는** 볼셰비키들이 맡고 있다. (강조는 인용자)

—「《프롤레타리》 확대 편집부 협의회에 대한 보고」

이와 함께 레닌은 플레하노프처럼 '당의 존재를 지지하는' 멘셰 비키들과 통합하는 것이 중요하다고 강조했다.

아직까지는 적은 수지만 멘셰비키들이 오른쪽에서 청산주의에 맞서 투쟁하고 있다. 이들에 대한 볼셰비키의 임무는 무엇인가? 볼셰비키는 이 부위, 즉 마르크스주의자이며 당 지지자인 이들과 결단코 **화해해야** 한다. (강조는 원저자)

—앞의 글

가능하면 플레하노프의 추종자들과 연합하여 볼셰비키들이 멘셰 비키 본류가 없이 그리고 이들에 대항하여 당을 창립해야 한다는 것이 레닌의 입장이었다. 그러나 이 입장은 볼셰비키 분파 내의 지도부와 일반 조직원 모두로부터 상당한 저항을 받았다. 의회 의원이었던 도브루빈스키, 리코프, 노긴, 로조프스키 등이 주도하는 강력한 화해주의 분파가 등장했다. 이들은 당을 통합하기 위해 멘셰비키와 타협해야 한다고 주장했다.

어떤 측면에서 보면, 화해주의 세력은 페테르부르크나 모스크바보다는 베를린에서 더 강력했다. 독일사민당 지도부는 늘 러시아당이 통합하기를 원했다. 카우츠키는 1911년 5월 5일에 감상적인분위기에 젖어서 쓴 편지를 플레하노프에게 보냈는데, 여기에서 그는 상호 적대적인 러시아 분파들에 대한 자신의 입장을 이렇게 밝혔다.

"볼셰비키, 멘셰비키, 초좌익 소환파, 청산파 등이 요즘 나를 방문하고 있다. 이들은 모두 귀중한 사람들이며, 이들과 얘기를 나누다 보면 이들 사이에서 큰 이견을 찾을 수 없다."

—이스라엘 게츨러, 『마르토프』

독일사민당 지도부는 러시아 화해주의자들 가운데 가장 중요한인물인 트로츠키에게 신문의 지면을 할애해주었다. 영향력이 막강한 이 정당의 신문에 트로츠키는 일련의 글을 실었다. 이를 통해 그는 볼셰비키의 레닌과 멘셰비키의 포트레소프로 대표되는 과격파들에 대항해, 러시아 당의 통합을 강력하게 지지하는 국제 사회민주주의 운동의 의견을 대변했다.

레닌, 볼셰비키 당 창립을 위해 투쟁하다

볼셰비키 내부의 강력한 당 통합 그룹, 플레하노프의 '당의 존재를 지지하는'멘셰비키그룹, 독일사민당 지도부 등의 압력에 직면하여 레닌은 마지못해 당의 통합을 위한 또 한 번의 시도에 동의했다. 1910년 파리에서 열린 당 중앙위원회 전원회의에서 이 작업이 시작되었다. 이 회의는 1907년 당 대회와 세력 관계가 아주 비슷했다. 볼셰비키와 멘셰비키는 각각 4명의 대의원을 배정 받았다. 그런데 볼셰비키 대의원 가운데 3명은 화해주의자였다. 멘셰비키를 지지하는 유대인노동자연합과 볼셰비키를 지지하는 폴란드-리투아니아왕국사민당은 각각 2명의 대의원을 배정 받았다. 명목상으로만 볼셰비키를 지지하는 통합 라트비아사민당과 초좌익《전진》그룹은 각각 1명의 대의원을 배정 받았다.

이 회의에서 화해주의자들은 볼셰비키와 멘셰비키 지도부에 일련의 타협 조치를 강요했다. 당의 주요 기구인 중앙기관지 편집위원회, 해외 사무국, 러시아 국내 중앙위원회 등에서 분파 구성비는 1907년 당 대회의 결정과 동일했다. 모든 당 기구들에서 볼셰비키와 멘셰비키는 같은 구성 비율을 유지했고, 이 때문에 권력의 균형추는 민족 단위의 사민당들이 쥐게 되었다.

지하당 유지라는 핵심 문제에 있어서는 타협이 이루어졌다. 지하 조직을 반대하거나 폄하하는 행위에 대해서는 비난이 가해졌다. '청산주의'라는 용어에는 멘셰비키를 비난하는 함의가 숨어 있으므로 그 표현은 사용이 회피되었다. 한편 멘셰비키는 볼셰비키의 무장 몰수 투쟁이 당 규율을 위반한 것이라고 비난하는 정서적 만족감을 얻었다.

그러나 멘셰비키가 레닌의 당 기금 관리 권한을 거부하면서 '통합' 합의의 인위적인 성격이 드러나버렸다. 이 때문에 당의 재정은

3명의 독일인 관리자 카우츠키, 클라라 체트킨(Clara Zetkin), 프란 츠 메링(Franz Mehring)에게 위임되었다(카우츠키는 나중에 러시아 당 의 기금을 가로챘다. 러시아 당을 대표하는 적법한 기구가 없다는 이유에 서였다).

막심 고리키에게 보낸 1910년 4월 11일자 편지에서 레닌은 파리 중앙위원회 전원 회의의 결과를 비판하며 불만을 표시했다.

중앙위원회 전원 회의는('긴 회의' 였는데 3주 내내 고민스럽고 신경이 곤두서는 순간의 연속이었다. 그 따위는 악마에게나 주어버려야 했다!) ······ '일반적인 화해' 분위기 속에 진행되었다(누구와 무엇을 위해 어떻게 화 해할 것인지에 대해서는 명확한 생각도 없었다). 가차 없이 사상투쟁을 전 개하는 볼셰비키 지도부에 대한 증오심과 멘셰비키들의 호전성이 판 을 지배했다. 멘셰비키들은 싸움을 걸고 싶어 안달했다. 그 결과 온몸 에 물집이 잡힌 아기가 태어났다.

결국 우리는 고통을 당해야 한다. 물집을 째서 그 속의 고름을 **빼** 내고, 아기를 치료하고 길러내는 것이 최선이다.

최악의 경우, 아기는 죽을 것이다. 그렇게 되면 우리는 당분간 아 기 없이 지내야 한다(즉 우리는 볼셰비키 분파를 다시 구성해야 한다). 그 리고 좀더 건강한 아기를 낳아야 한다.

멘셰비키에 대한 레닌의 불신은 틀린 것이 아니었음이 이내 입증 되었다. 가르비가 주도한 러시아 국내의 멘셰비키 청산주의자들은 파리 전원 회의에서 합의된 내용을 깨고 러시아 국내 중앙위원회 참여를 딱 잘라 거부했다. 덕분에 레닌은 조직 분열의 책임을 멘셰비키에게 돌리고 볼셰비키 화해주의자들을 압박할 수 있었다. 이로부터 몇 년 뒤까지 마르토프는 가르비의 전술적 오류를 호되게 꾸짖었다. 가르비의 잘못된 판단으로 인해 레닌만 크게 도와준 셈이 되었기 때문이다.

1910년 말, 레닌은 '멘셰비키들이 파리 전원 회의에서 합의된 내용을 파기했으므로 볼셰비키들도 이 합의에 더 이상 얽매일 필요가 없다'고 선언했다. 1911년 5월에 레닌은 주요 볼셰비키들과 폴란드 동맹자들로 구성된 회의를 소집하여, 파리 전원 회의에서 공식적으로 구성된 당 기구들을 대체할 특별 기구들을 수립했다. 예를 들어 당의 최고 집행기구로 구성된 당 중앙위원회 해외 사무국을 대신하여 실무위원회가 수립되었다. 레닌에게 이것은 멘셰비키들 없이 그리고 이들에 대항하여 당을 수립할 수 있는 결정적인 조치였다.

그런데 이 시점에서 새로운, 그리고 일시적이나마 강력한 화해주의자가 등장하여 레닌의 계획을 방해했다. 룩셈부르크와 함께 폴란드-리투아니아왕국사민당을 지도하고 있던 레오 요기헤스가 바로 이 인물이었는데, 그는 아주 강력한 적수였다. 리코프 같은 볼셰비키 화해주의들과 함께 그는 실무위원회를 비롯한 주요 당 기구들에서 다수파가 되어 있었다. 또한 로자 룩셈부르크를 통하여 그는 러시아 당 기금을 맡고 있던 독일 관리인들에게 영향력을 행사했다.

부르주아 역사학자들은 요기헤스와 레닌의 1911년 싸움을 개인적인 권력 투쟁으로 비하하곤 한다. 그러나 1911년부터 1914년까지 진행된 볼셰비키와 요기헤스 세력 간의 갈등의 저변에는 당 문제에 관한 사회민주주의 정통 입장과 모습을 잡아가고 있던 레닌주의를 둘러싼 입장 차이가 존재했다. 룩셈부르크/요기헤스는 단일

사회민주주의 정당 내부에서 볼셰비키 분파를 지지할 용의가 있었다. 그러나 볼셰비키 분파가 당으로 변모하여 사회민주주의의 유일한 법통을 자처할 경우 이를 지지할 생각은 없었다. 레닌이 바로 이렇게 하고 있다는 것을 요기헤스는 간파하고 있었다. 재정 문제와 관련하여 카우츠키에게 보낸 1911년 6월 30일자 편지에서 그는 이렇게 말했다. "당내 혼란을 이용하여 레닌은 자기 분파를 위해 당기금을 전용하여 당 전체에 치명타를 입히려고 한다."(J. P. 네틀, 『로자 룩셈부르크』)

요기헤스를 비롯한 다양한 화해주의자들에 대한 레닌의 태도는 「당내 상황」(1911년 7월)이라는 논문 초안에 명확히 표현되어 있다.

> 우리와 청산주의자들을 구분하고 있는 사상적 뿌리를 '화해주의자들'은 **이해하지 못했다**. 따라서 이들은 청산주의자들에게 **빠져나갈** 구멍을 여럿 제공했으며 이 때문에 (비자발적으로) 청산주의자들의 손에 빈번히 놀아났다. ……
>
> 1905년 혁명 이래로 볼셰비키 진영은 독자적 정치 경향으로서 두 가지 오류를 범했다. 하나는 소환주의/최후통첩주의이고 또 하나는 청산주의자들에게 비틀거리며 다가가는 화해주의다. 이제 이 두 오류를 제거할 때가 되었다.
>
> **이제 화해주의의 오류를 절대 반복하지 않기로**(이 반복을 **허용하지 않기로**) 우리 볼셰비키들은 결의했다. 이것은 당을 재건하는 것을 의미한다. 그리고 《사회민주주의 소리》 분파들(또는 트로츠키와 같은 이들의 하수인들), 《전진》그룹, 기타 그룹들이 자행하는 새로운 장난에 당이 뒤엉키는 것을 저지하는 것을 의미한다. (강조는 원저자)

1911년 말 레닌은 요기헤스 세력 및 볼셰비키 화해주의자들과 결별했다. 그는 오조니키제를 러시아로 보내 그로 하여금 러시아 조직위원회를 꾸리도록 했다. 그리고 그 조직위원회가 러시아사회민주노동당의 임시 중앙위원회라고 주장했다. 이 조직위원회는 '러시아사회민주노동당 전국 협의회'를 1912년 1월 프라하에서 소집했다. 14명의 대의원이 참석한 이 회의에서 볼셰비키는 12명, '당의 존재를 지지하는' 멘셰비키는 2명의 대의원을 각각 할당받았다. 멘셰비키 대의원 2명 중 1명은 플레하노프의 견해를 지지하여 이 협의회를 해당 행위로 간주했다.

이 회의는 멘셰비키 청산주의자들은 당원이 아니라고 선언했다. 그리고 1906년 '통합' 당 대회에서 확정된 민족 단위의 연방주의 당 구조를 폐기하여 유대인노동자연합, 폴란드-리투아니아왕국사민당, 라트비아사민당 등을 실질적으로 제외시켰다. 또한 6명의 '강경파'(화해주의 반대파) 볼셰비키에 '당의 존재를 지지하는' 1명의 멘셰비키를 상징적으로 더해 구성된 새 중앙위원회를 선출했다. 프라하 당 협의회는 레닌의 혁명적 사회민주주의자들과 기회주의 멘셰비키들을 최종적으로 분립시켰다. 이런 중요한 의미에서 1912년 프라하 협의회는 볼셰비키 당의 창립 대회였다 할 수 있다.

레닌이 멘셰비키와의 통합을 추구했는가?

1912년 이전에도 레닌은 맹목적인 분열주의자, 러시아 사회민주주의를 분열시키는 장본인이라는 비판을 받았다. 그러나 지금은 레닌주의를 반대하는 자들조차 볼셰비키와 멘셰비키의 분립이 의미했던 세계사적 중요성을 인정하고 있다. 따라서 레닌주의자라고 자임하는 개인은 물론 그룹이 '레닌은 사회민주주의 운동의 통일을 열렬히 원했고 멘셰비키들은 공격적으로 조직 분립을 추구했다'고 주장하는 것은 대단히 놀라운 일이 아닐 수 없다.

수정주의자 에르네스트 만델이 주도하는 통합서기국의 영국 지부인 국제마르크스주의그룹이 바로 그렇게 주장하고 있다. 대규모 통합을 통한 운동의 재편을 이론적으로 합리화하기 위해, 이 그룹은 볼셰비키 역사를 수정하여 수단과 방법을 가리지 않고 통합을 추구한 화해주의자로 레닌을 돌변시키고 있다. 1905년 이후를 언급하면서 이 그룹은 이렇게 적고 있다.

레닌은 결코 분열주의자가 아니었다. 볼셰비키들은 '형식적 통합'을 제시하는 것에 그치지 않았으며 당의 통합을 지지한 가장 주요한 투사들이었다. …… 이 시기에 분열을 획책한 측은 레닌이 아니라 멘셰비키들이었다.

—「볼셰비키 분파와 당 건설을 위한 투쟁」,《주간 적색》, 1976년 11월 11일

이 주장은 완전히 틀렸다. 도저히 믿을 수 없을 정도로 역사적 사실들을 한심하게 누락시킨 것을 보아도 이 점은 증명된다. 앞의 글은 리코프 같은 진짜 화해주의 볼셰비키들과 이들에 맞선 레닌의 투쟁을 언급하지 않고 있다. 그리고 1910년 파리에서 열린 '통합' 전원 회의와 여기서 합의된 타협 조치들을 레닌이 반대했던 것도

언급하지 않고 있다. 또한 한때 레닌과 동맹을 맺었던 플레하노프와 요기헤스/룩셈부르크가 당의 통일을 내세우며 프라하 협의회를 반대했으며 이후 레닌을 분열주의자라고 비난했다는 사실도 언급하지 않고 있다.

이 그룹이 프라하 협의회를 분석한 내용을 보자.

비합법 당을 다시 확립하는 것이 당의 존재를 지지하는 멘셰비키와 볼셰비키 들의 임무였다. 이 임무는 1911년 말경에는 이미 성취되어 있었다. 그러나 이때 플레하노프는 청산주의 진영으로 이미 넘어간 후였다. 1912년 1월 프라하에서 열린 6차 당 대회(정말 왜곡이 심하군!)에서 이 임무는 최종적으로 완성되었다. 이 대회에서 **멘셰비키 경향과의 분립 그 자체는 없었다.** 이와 반대로 …… 레닌은 대회를 위해 멘셰비키 일부와 협력했다. 멘셰비키 노선 지지자들이 아니라 당을 인정하기를 거부한 청산주의자들과의 조직 분립이 이루어졌다. (강조는 원저자)

—앞의 글

청산주의를 초래한 것은 조직 문제에 대한 멘셰비키의 노선이었다. 원래의 조직 분열이 있었던 1903년부터 1차 세계대전 발발 때까지 멘셰비키는 '당'을 사회민주주의에 공감하면서도 공식 조직과 규율에 종속되지 않는 노동자들로 규정했다. 바로 이 토대에 근거하여 멘셰비키들은 레닌의 공식적 다수파 지위와 당 지도력을 계속 거부하고 무시했다.

그리고 플레하노프가 1911년에 청산주의 진영에 다시 합류했다는 주장도 틀렸다. 바로 이 역사적 사실에 대해 정확하게 알고 있지 못하기 때문에 국제마르크스주의그룹은 '당의 존재를 지지하는' 멘셰비키와 볼셰비키 사이의 관계를 근본적으로 잘못 이해하고 있다. 플레하노프는 멘셰비키 주류에 다시 합류하지 않았다. 트로츠키나 룩셈부르크와 마찬가지로 그는 1912년부터 1914년까지의 시기에 독자적 입장을 채택하여 볼셰비키와 멘셰비키의 통합을 촉구했다.

3년 동안 청산주의자들에 대항했던 플레하노프가 이들과 단절하고 레닌주의자들과 결합하지 않았던 이유는 무엇일까? 이 이유를 국제마르크스주의그룹은 설명할 수 없다. 오만하기로 악명이 높았던 플레하노프는 1908년 말에 청산주의 반대 캠페인을 시작했다. 이때 그는 멘셰비키 주류를 자기 편으로 끌어들이면 다시 통합된 러시아사회민주노동당에서 자신이 지도자가 될 수 있을 것이라고 생각했음이 틀림없다. 이때 레닌은 플레하노프와 연합하면서도 그의 이기적인 환상을 폭로했다.

> 멘셰비키인 플레하노프는 외로운 존재임이 입증되었다. 그는 멘셰비키의 공식 편집위원회는 물론이고 멘셰비키의 가장 중요한 활동을 지도하는 집단 편집위원회에서도 사임했다. 그는 '소부르주아 기회주의'와 청산주의 모두에 반대한 고독한 저항자였다.
> —「폭로된 청산주의자들」, 1909년 9월

1911년이 되자 플레하노프와 그의 추종자들은 멘셰비키 내부에서 아주 적은 소수파에 불과하다는 점이 명확해졌다. 사실 플레하노프가 프라하 당 협의회에서 볼셰비키와 통합했더라도 그는 왜소하며 정치적으로 고립된 소수파가 되었을 것이다. 그리고 자신의 소부르주아 자유주의 전략으로 볼셰비키들을 획득할 수 있다는 희망도 결코 품을 수 없었을 것이다. 그는 실질적인 볼셰비키 당에서 얼굴마담에 불과했을 것이다. 빈틈없는 정치가였던 레닌은 이렇게 플레하노프를 '생포'하려고 했다. 그러나 플레하노프 자신은 레닌주의자들을 위해 얼굴마담이 될 생각이 없었다. 프라하 당 협의회 참석을 거부하면서 그는 이렇게 적었다. "레닌 당신의 당 협의회 구성은 너무 일방적이어서 내가 불참하는 것이 더 나을 것이다. 즉 나의 불참이 당의 통합에 더 이로울 것이다."(버트램 울프, 『혁명을 성공시킨 3명의 인물』, 1948년).

1912년 이전에도 볼셰비키들은 핵심적인 의미에서 분파라기보다는 당이었다. 왜냐하면 멘셰비키 지도부 밑에서 규율을 준수하는 소수파로 지내기를 레닌이 거부했을 것이기 때문이다. 플레하노프를 비롯한 멘셰비키 지도자들도 레닌의 태도에 대해 같은 태도로 대응했다. 프라하 당 협의회에서 '당의 존재를 지지하는' 멘셰비키 소수파는 레닌과 힘을 합쳤다. 그러나 이들은 레닌의 지도적 지위에 도전할 수 없었다. 만약 플레하노프와 그의 추종자들이 볼셰비키들보다 수가 많았다 하더라도 레닌은 조직적으로 다른 수를 써서 기회주의자들에게 발목을 잡히는 상황을 피했을 것이다. 그리고 혁명적 사회민주주의 그룹을 독자적으로 운영했을 것이다.

프라하 협의회 이후에 벌어진 통합 시도들

프라하 당 협의회 이후에도 러시아 운동의 주요 인사들과 제2인 터내셔널 지도부는 당 통합 노력을 계속하면서 볼셰비키들을 거세게 공격했다. 볼셰비키의 분립에 반대하는 목소리들은 1913년 12월 국제사회주의사무국의 통합 결의문으로 절정에 달했다. 이로 인해 1914년 7월 브뤼셀에서 '통합' 협의회가 개최되었다. 그리고 이로부터 한 달이 채 지나지 않아 1차 세계대전이 터졌다. 이때 제2인 터내셔널에서 러시아 당 통합을 시도한 자들은 대부분 자국의 지배계급을 지지하여 그들이 '적'국 노동자들을 죽이는 일을 도왔다.

레닌이 주도한 프라하 당 협의회의 결정을 뒤집으려는 시도를 처음으로 한 인물은 트로츠키였다. 그는 멘셰비키 조직위원회를 압박하여 러시아 사회민주주의자들 전부를 참여시키는 협의회를 소집하게 했다. 당연히 볼셰비키들은 물론 이들의 동맹자였던 플레하노프파와 룩셈부르크/요기헤스의 폴란드—리투아니아왕국사민당 등은 이 회의를 거부했다. 1912년 8월 오스트리아의 수도 빈에서 열린 이 협의회에는 트로츠키의 소규모 그룹, 멘셰비키 주류, 유대인 노동자연합, 초좌익《전진》그룹 등이 참석했다. 이렇게 하여 성사된 '8월 연합'에는 러시아 사회민주주의의 극우파와 극좌파가 한데 모였다. 그러므로 당연히 회의 참석자들은 러시아사회민주노동당으로 자임한 레닌주의자들에 대해 적대감을 나타내는 것 외에는 동의할 것이 하나도 없었다. 《전진》그룹이 회의 도중에 퇴장했기 때문에 이 회의는 멘셰비키들만의 토론장이 되었다.

트로츠키의 '8월 연합'은 썩어빠진 중도주의 연합의 정수였다.

이것은 강경한 혁명 분파에 대항하여 가장 잡다한 분자들이 모인 아주 일시적인 연합이었다. 1917년에 레닌주의로 전향한 후 트로츠키는 '8월 연합'은 자신이 저지른 최대의 정치적 실책임을 인정했다. 1940년 제4인터내셔널의 미국 지부였던 사회주의노동자당 내부에도 썩어빠진 중도주의 연합이 성립했다. 이에 대해 논쟁하면서 트로츠키는 1912년의 '8월 연합'에 대해 이렇게 회고했다.

이른바 1912년 8월 연합이 생각난다. 나는 이 연합에 적극적으로 참여했다. 어떤 의미에서는 내가 이 연합을 만들었다고 할 수 있다. 모든 근본 문제들에 있어 나는 정치적으로 멘셰비키들과 견해가 달랐다. 또한 나는 초좌익 볼셰비키인 《전진》그룹과도 생각이 같지 않았다. 일반적 정치 경향을 놓고 보자면 나는 볼셰비키에 훨씬 더 가까웠다. 그러나 나는 레닌 식 '조직 운영'에 반대했다. 혁명의 목표를 실현하기 위해서는 탄탄하게 결집된 중앙집중주의 정당이 반드시 필요하다는 진리를 당시에 나는 아직 이해하지 못했기 때문이다. 그래서 나는 당의 노동계급 경향에 대항하는 온갖 잡탕들과 일시적인 연합을 체결했다. ……

레닌은 8월 연합에 대해 가차 없는 비판을 퍼부었으며 가장 매몰찬 공격은 나에게 가해졌다. 내가 정치적으로 멘셰비키나 《전진》그룹과 의견을 같이하지 않는 한 나의 정책은 모험주의라는 것을 그는 증명했다. 이 비판은 가혹했으나 사실이었다.

　　　　　　　　　　　　　　　　—『마르크스주의를 옹호하며』

프라하 당 협의회에서 독자적인 볼셰비키 당이 확립된 시기는 러시아에서 노동계급의 투쟁이 새로이 상승하는 시기와 일치했다. 이후 2년 6개월 동안 볼셰비키는 다시 노동계급 대중정당으로 변모했다. 1913년에 레닌이 주장한 바에 따르면, 당원 수가 3만에서 5만에 이르렀다. 1912년 말 의회 선거에서 볼셰비키들은 노동자들에게 할당된 9개 의석 중 6개를 차지했다. 2,800개 노동자 조직들이 볼셰비키이며 멘셰비키는 600개밖에 되지 않는다고 1914년에 레닌이 주장했다. 볼셰비키의 합법 기관지《프라우다》는 발행부수가 4만 부로, 멘셰비키 기관지《빛》의 1만 6천 부에 비해 월등히 앞섰다.

볼셰비키들이 노동운동의 주도권을 잡았으며, 그에 비하면 자신들의 세력은 미미하다는 것을 멘셰비키들도 개인적으로 인정했다. 포트레소프에게 보낸 1913년 9월 15일자 편지에 마르토프는 이렇게 적었다. "멘셰비키들은 조직적 의미에서 죽음의 늪에서 빠져나오지 못하고 있다. 지난 2년 동안 했던 신문 발행이나 기타 모든 활동에도 불구하고 멘셰비키들은 허약한 서클로 남아 있는 것처럼 보인다."(이스라엘 게츨러, 『마르토프』).

이 시기에 볼셰비키가 대중정당으로 탈바꿈한 것은 혁명 운동에게 엄청난 의미가 있었다. 그러나 이 현상은 레닌주의의 이론적 발전에 제약을 가져왔다고 말할 수 있다. 멘셰비키들은 러시아 내에서는 소부르주아 출세주의자들이고 국외에서는 진짜 노동자운동 외부에 존재하는 망명 문필가 집단이라고 레닌은 믿고 있었다. 그의 생각은 1912년부터 1914년까지의 사태에 의해 확인된 것처럼 보였다. 그리고 자신들이 바로 러시아사회민주노동당이라는 볼셰비키들의 주장은 경험적으로 입증된 것처럼 보였다. 그래서 레닌은 자신이 사회민주주의당을 분립시키지 않았다고 믿었다.

1912년 1월의 프라하 당 협의회는 볼셰비키와 멘셰비키의 분립을 확정했다. 그러나 이것은 종합적 분립은 아니었다. 1912년 말 4차 의회에 선출된 볼셰비키 의원 6명은 사회민주노동당 의원단의 일원으로 멘셰비키 의원 7명과 공동전선을 형성했다. 덜 선진적인 노동자들은 당 통합을 강력하게 지지했고 이 때문에 볼셰비키 일부는 의원단을 분립시키는 공적인 행위에 반대했다. 레닌은 의원단을 분립시키는 쪽으로 작업을 하고 있었으나 전술적으로 상당히 조심스럽게 움직이고 있었다. 1913년 말이 되어서야 볼셰비키 의원들은 공개적으로 볼셰비키 의원단을 구성하여 조직 분립을 성사시켰다.

의원단의 분립은 프라하 당 협의회보다 국제 사회민주주의 운동에 훨씬 더 큰 영향을 미쳤다. 왜냐하면 이로써 러시아 운동의 분열이 명백하게 드러났기 때문이다. 룩셈부르크의 주도하에 국제사회주의사무국은 도저히 불가능할 것 같아 보이는 러시아 당 통합을 다시 시도했다. 국제사회주의사무국의 통합 정책은 노골적으로 볼셰비키들을 적대시하지는 않았으나 볼셰비키들에게는 필연적으로 해가 될 수밖에 없었다. 룩셈부르크의 개입 동기는 확실히 레닌에게 적대적이었다. 국제 운동의 개입을 촉구하면서 그녀는 "레닌의 그룹이 다른 사회민주주의조직들 내에서도 분립을 체계적으로 부채질하고 있다"고 비난했다(H. H. 피셔 외 엮음, 『볼셰비키 당과 세계대전』).

1913년 12월 국제사회주의사무국은 러시아 사회민주주의 운동의 재통합을 촉구하는 결의문을 채택했다. 이 결의문은 카우츠키, 에베르트, 몰켄부어 등 3명의 독일 지도자들에 의해 상정되었다.

러시아의 모든 사회민주주의 조직들은 단일 정당을 회복하는 데 동의하고 현재의 해악적이고 사기를 침체시키는 분열 상을 종식시켜야 한다. 이를 위해 진지하고 충성스러운 노력을 기울이는 것이 이들의 시급한 임무라고 국제사무국은 판단한다.

—앞의 책

그리고 국제사회주의사무국은 1914년 7월 브뤼셀에서 열릴 러시아 당 '통합' 협의회 개최를 준비했다. 독일사민당이 주도하는 국제 지도부의 권위가 거부할 수 없을 만큼 컸으므로, 볼셰비키들을 비롯한 러시아 사회민주주의 세력 모두는 회의에 참석해야 한다고 생각했다. 이 회의에는 볼셰비키와 멘셰비키는 물론이고 《전진》그룹, 트로츠키의 그룹, 플레하노프의 그룹, 라트비아사회민주당, 폴란드의 세 그룹 등이 모두 참석했다.

말할 필요도 없이 레닌은 브뤼셀 협의회의 목적에 적대감을 가졌다. 그는 이 회의를 위해 긴 보고서를 작성했을 뿐, 직접 참석하지는 않았다. 그렇게 함으로써 그는 이 회의에 대한 경멸을 표시했다. 볼셰비키 대표단 단장은 이네사 아르망(Inessa Armand)이었다. 레닌은 멘셰비키들이 틀림없이 즉시 거부할 것이라고 생각한 '통합 조건들'의 초안을 작성했다. 이 조건들은 볼셰비키 다수파에 대한 멘셰비키의 완벽한 조직적 종속을 요구했다. 여기에는 멘셰비키의 독자적 신문 발행 금지, 지하당에 대한 공개 비판의 완전한 금지 등이 포함되었다. 아르망이 레닌의 '통합 조건들'을 제시했을 때 멘셰비키들은 격노했다. 플레하노프는 이것을 '새로운 형법 조항들'이라고 불렀다. 협의회 의장 카우츠키는 의사 진행을 하는 데 어려움을 겪었다. 그러나 존경받고 있던 이 독일 지도자는 자신의 의무에 충실했다. 그는 통합을 막는 원칙적인 차이는 없다는 내용의 동의안을 제출했다. 이 안은 볼셰비키들과 라트비아사민당이 기권한 가운데 통과되었다.

레닌이 분립을 정당화하다

1914년 7월 브뤼셀 협의회에 레닌이 제출한 보고서는 독자적인 볼셰비키 당 창립을 가장 포괄적으로 정당화한 문서였다. 이 문서의 목적은 서구 사회민주주의 운동에 볼셰비키의 입장을 가장 유리하게 제시하는 것이었다. 따라서 이 보고서가 볼셰비키와 멘셰비키의 관계에 대한 레닌의 견해를 완전히 표현했다고 보기는 어려울 것이다.

이 보고서는 하나는 정치적이고 또 하나는 경험적인 주장을 기본적으로 제시하고 있다. 지하조직을 당으로 인정하지 않는 것을 통해 멘셰비키 주류는 질적으로 서구 사민주의 기회주의자들, 예를 들어 베른슈타인의 오른쪽에 위치하고 있다는 것이 레닌의 기본적 주장이었다.

청산주의자들과 우리의 차이가 서구의 이른바 급진파와 온건파 사이의 차이보다도 깊지 않고 중요하지도 않다는 견해가 얼마나 잘못되었는지를 우리는 알고 있다. 당을 **해체**하고 이를 **대신하여** 새로운 당을 **창립**하기를 원하는 자들에 대해 일반적인 결정을 채택한 경험이 있는 당은 서구에는 말 그대로 단 하나도 없다!

당원이라고 인정받으면서 **동시에** 당의 해체를 주창하고 당이 무용지물이라고 주장하며 다른 당이 이를 대신해야 한다고 주장하는 자들을 인정할 수 있는지 없는지의 문제는 서구에는 한 번도 있어본 적이 없으며 앞으로도 있을 수 없다. 우리처럼 당의 **존재** 그 자체와 관련된 문제는 서구 어느 곳에도 없다. ……

이것은 **어떻게** 당이 건설될 것인가의 문제에 대한 이견이 아니라 당의 **존재** 자체에 대한 이견이다. 이 문제에 대한 화해, 합의, 타협은 전혀 불가능하다. (강조는 원저자)

—「브뤼셀 협의회에 대한 러시아사회민주노동당 중앙위원회의 보고 및 중앙위원회 대표단에 대한 지시사항들」, 1914년 6월

멘셰비키의 청산주의에 대한 레닌의 견해는 피상적이다. 왜냐하면 그가 사회민주주의 내 기회주의의 정치적 실체보다는 구체적 형식에 초점을 맞추고 있기 때문이다. 러시아의 멘셰비키들이 베른슈타인, 조레스 등보다 오른쪽에 위치해 있다는 레닌의 생각은 옳지 않았음이 판명되었다. 1차 세계대전이 터지자 멘셰비키들에게 좌익적 외피를 제공해왔던 마르토프의 국제주의자 소그룹은 독일의 사회애국주의자인 에베르트/노스케보다 훨씬 왼쪽에 그리고 독일 사민당 내의 중도주의자 카우츠키/하제보다 왼쪽에 위치했다. 1908년부터 1912년 시기까지 멘셰비키들이 조직 문제에서 청산주의를 보인 근본 원인은 마르토프/포트레소프가 질적으로 베른슈타인과 노스케의 오른쪽에 위치한 것에 있지 않았다. 진짜 원인은 당의 공식 지도자인 레닌이 베벨/카우츠키의 왼쪽에 위치한 것에 있었다.

이 보고서의 대부분은 경험적으로 이렇게 증명하기를 원했다. "계급의식이 투철한 러시아 노동자들의 5분의 4는 1912년 1월 프라하 당 협의회에서 정해진 결정들과 기구들을 중심으로 단결해왔다." 이것이 단지 공개적 목적으로 나온 주장이 아니었다는 것을 강조하는 것이 중요하다. 레닌에게 진정한 사회민주주의 정당의 결정적 기준 가운데 하나는 노동계급이 이 당을 따르는 정도였다. 이네사 아르망에게 보낸 사적인 메모에 그는 이렇게 적었다.

러시아에 있는 거의 모든 그룹과 '분파'는 상대방을 노동자 그룹이 **아니라** 부르주아 지식인 그룹이라고 비난한다. 이 비난이나 주장, 특정 그룹의 사회적 의미에 대한 이 언급은 **원칙적으로 대단히 중요하다**. 따라서 다른 그룹들의 사회적 의의에 대한 포괄적인 선언이 아니라 **우리의** 선언을 **객관적인** 사실들로 뒷받침하는 것이 우리의 임무다. 왜냐하면 이 객관적 사실들은 프라우다주의, 즉 볼셰비키주의만이 러시아 **노동계급의** 정치 경향이고, 청산주의와 사회혁명주의는 **실제로** 부르주아 지식인 경향임을 절대적이며 논란의 여지 없이 증명하기 때문이다. (강조는 원저자)

이 글에서 알 수 있듯이 이 시기에 멘셰비키들이 상당한 정도로 노동자들의 지지를 받고 있었더라면 레닌은 이들에 대해 좀더 화해적인 태도를 취해야 했거나 좀더 일반적인 원칙에서 조직 분립을 정당화해야 했을 것이다.

멘셰비키들을 노동운동 외부에 위치하는 소부르주아 지식인 경향이라고 본 레닌의 견해는 인상주의였다. 1차 세계대전이 터진 첫 몇 년간 러시아 대중은 애국주의와 조국 방위주의 물결에 휩쓸렸다. 이 때문에 비타협적으로 패배주의를 주창한 레닌주의자들을 제물로 하여 멘셰비키 기회주의자들은 조직적 이익을 얻었다. 1917년 2월에 혁명이 터졌을 때 멘셰비키들은 1914년의 경우에 비해 볼셰비키들보다 훨씬 더 조직력이 강했다.

1912년부터 1914년까지의 시기에 멘셰비키와의 통합에 반대한 레닌의 수많은 논쟁들은 각기 다양한 주장들로 이루어져 있었다. 브뤼셀 협의회에 보낸 보고서에서 드러났듯이 이들 가운데 일부는 협소하거나 경험적이었다. 그러나 다른 글들에서 레닌은 현대의 공산당을 규정하는 기회주의 세력과의 원칙적 분립을 주장했다. 이 주장은 그의 공산주의 사상을 미리 선보였다. "통합"이라는 제목으로 트로츠키를 공격한 1914년 4월의 글에 레닌은 이렇게 썼다.

자유주의 노동 정치꾼, 노동계급 운동의 방해꾼, 다수의 의지를 거부하는 자들과는 연방적이든 아니든 통합은 있을 수 없다. 일관된 마르크스주의자들, 마르크스주의 문헌 전체와 삭제되지 않은 구호들을 지지하는 모든 분자들, 청산주의자들과 단절한 모든 분자들 사이에는 통합이 있을 수 있고 있어야 한다.

통합은 위대한 것이고 위대한 구호다. 그러나 노동자운동에 필요한 것은 **마르크스주의자들의 통합**이지 마르크스주의를 반대하고 왜곡하는 자들과 마르크스주의자들 사이의 통합이 아니다. (강조는 원저자)

1914년 8월 4일, 독일사민당의 의원단은 전쟁 공채에 찬성표를 던졌다. 이때가 되어서야 레닌은 앞의 글의 시대적 의의와 러시아 멘셰비키들과의 분립의 의의를 이해했다. 그리고 이때가 되어서야 일관된 혁명적 마르크스주의자들을 자유주의 노동 정치꾼, 마르크스주의 반대자 및 곡해자들 전부에 대항하여 분립시키려는 그의 노력이 시작되었다. 이를 통해 드디어 그는 세계사적 의의를 가진 혁명교의와 운동인 공산주의, 마르크스주의의 이름으로 자본주의의 숨통을 끊어놓을 공산주의를 창시했다.

7장
코민테른 창립의 길로 나아가다

1914년 8월 4일은 레닌이 러시아의 혁명적 사회민주주의자에서 세계 공산주의 운동의 창립자로 변모한 시점이다. 제국주의 전쟁인 1차 세계대전이 터지자 독일사민당 의원단은 만장일치로 독일 제국의 전쟁 공채 발행에 찬성표를 던졌다. 우리는 이미 60년이 넘게 사회민주주의자들과 스탈린주의자들이 사회주의 원칙을 배신하는 것을 보아왔다. 그럼에도 불구하고 8월 4일의 배신 행위를 겪고 당시 혁명가들이 얼마나 큰 충격을 받았을지를 지금 우리가 헤아리기는 어려울 것이다. 독일 사회민주주의 운동권에 몰아친 국수주의의 물결에 충격을 받아 로자 룩셈부르크는 신경쇠약증에 걸렸다. 레닌은 처음에는 사민당 기관지 《전진》에 실린 전쟁 공채 표결 보도를 믿지 않았다. 그는 독일 정부가 보도 내용을 조작했다고 생각했다.

8월 4일의 사건으로 특정 정당과 그 지도부에 대한 혁명적 사회민주주의자들의 환상은 깨졌다. 뿐만 아니라 사회민주주의자들의 정치관 자체가 심각하게 흔들렸다. 레닌과 룩셈부르크 세대의 마르크스주의자들은 독일에서 가장 발달된 사회민주주의 운동의 전진

이 꾸준히 계속될 것이며 결코 역전되는 일은 없으리라 굳게 믿어 왔기 때문이었다.

제2인터내셔널의 역사적 의의

제2인터내셔널이 지속된 1889년부터 1914년까지의 시기에 유럽 노동운동과 그 내부의 마르크스주의 경향은 대단히 급속하게 성장했다. 자유부르주아를 지지했던 영국 노동조합 운동을 제외하면 1864년부터 1874년까지의 제1인터내셔널 조직들은 기껏해야 구성원이 몇천 명밖에 되지 않는 선전그룹에 불과했다. 그러나 1914년에 제2인터내셔널 정당들은 유럽 전역에 수백만의 지지자를 확보한 대중정당들이었다.

제1인터내셔널 시기에 지구상에는 아마 1천 명 정도의 마르크스주의자들이 있었을 것이다. 그리고 이들 중 대다수가 독일에 있었다. 1871년의 파리 코뮌에 프랑스 마르크스주의자는 단 한 명도 없었다. 헝가리 사람 레오 프렝켈이 유일한 마르크스주의자였다. 이 사실은 의미심장하다. 그러나 1914년에는 마르크스주의가 국제 노동자운동 내부의 가장 중요한 경향이자, 중부 및 동부 유럽 노동자 대중정당들의 공식 사상이었다. 따라서 카우츠키를 비롯한 사회민주주의자들이 마르크스주의를 현대 노동운동의 자연스럽고 불가피한 정치적 표현이라고 생각한 것은 당연한 일이었다.

물론 영국의 노동자 대중운동은 자유주의를 지지했고 공개적으로 계급협조주의 노선을 표방했다. 그러나 마르크스와 엥겔스는 영국 노동운동의 정치적 후진성이 특수한 역사적 상황의 산물이라고 설명했다. 예를 들어 영국의 세계 경제 지배, 영국과 아일랜드의 민족 분쟁, 대영제국의 존재 등이 바로 영국 노동운동이 처한 특수한 역사적 상황이었다. 레닌을 비롯한 제2인터내셔널 마르크스주의자들은 1905년 영국 노동당의 창당이 영국의 대중적 노동자 사회주의 정당 수립을 위한 전진이라고 생각했다. 따라서 영국 노동운동의 상대적 후진성은 정통 사회민주주의 정치관, 즉 카우츠키주의에 근본적으로 도전할 수 없었다.

1914년 이전에도 마르크스주의 운동권에는 배신자들과 수정주의자들이 있었다. 독일의 베른슈타인 추종자들과 러시아의 스트루베 등 '합법 마르크스주의자들'이 그런 사람들이었다. 레닌은 플레하노프와 멘셰비키들도 이 부류에 포함된다고 여겼을 것이다. 그러나 자유주의적 개량주의의 편향들은 사회민주주의 운동 내부의 지식인들에게만 영향을 미치고 있는 것처럼 보였다. 독일사민당의 정책 전반은 분명 마르크스주의적인 것처럼 보였다. 그리고 프랑스와 이탈리아 등의 제2인터내셔널 정당들에서는 마르크스주의가 장조레스 경향과 같은 구식 사회급진주의를 무찌르고 힘을 얻고 있었다.

8월 4일 사건은 노동자운동 내부에서 발생한 최초의 거대한 반혁명이었다. 그리고 전혀 예상치 못했던 일이었기 때문에 파괴력이 더 대단했다. 제2인터내셔널 주요 정당들에서 승리한 국수주의와 계급협조주의는 카우츠키 식 마르크스주의의 피상적이고 수동적인 낙관론을 격파했다. '자국' 부르주아 계급의 편으로 넘어간 독일사민당의 거대한 배신 때문에 혁명적 마르크스주의자들이 노동자운동 내부의 기회주의를 주변적이거나 일시적인 현상 또는 영국처럼 특수한 역사적·정치적 후진성의 산물로 치부하는 것은 이제 불가능해졌다.

당시 대중적 사회주의 정당들의 지도부 대부분은 불안정한 소부르주아 민주주의 지식인 또는 사회민주주의의 동반자로 쉽게 치부할 수 있는 인물들이 아니었다. 카우츠키가 베른슈타인 경향을, 그리고 레닌이 멘셰비키들을 폄하한 방식은 이들에게는 도저히 적용될 수 없었다. 프리드리히 에베르트(Friedrich Ebert), 구스타프 노스케(Gustav Noske), 필리프 샤이데만(Philipp Scheidemann) 등 1914년에 독일사민당을 이끌고 있던 국수주의 지도자들은 청년 시절부터 평당원으로 시작하여 열심히 노력한 끝에 지도자의 위치에 올랐다. 이 세 사람은 모두 노동자 출신이었다. 에베르트는 안장을 만드는 노동자였고 노스케는 푸줏간 노동자였으며 샤이데만은 식자공이었다. 에베르트와 노스케는 지역 노동조합 상근자로 사민당 활동을 시작했다. 샤이데만은 지역 당 신문의 기자였다. 한마디로 국수주의/기회주의 지도자들 모두가 독일 사회민주주의 운동의 피와 살이었다.

그렇다고 사민당 지도부의 배신 행위를 독일 노동계급의 역사적·정치적 후진성의 반영이라고 설명할 수도 없었다. 에베르트, 노스케, 샤이데만 등은 모두 마르크스, 엥겔스와 개인적 관계를 맺고 있던 제자들에 의해 마르크스주의자로 훈련받았다. 이들은 혁명적 사회주의 노선을 담은 결의문들에 연이어 찬성표를 던졌었다. 그런 자신들이 전쟁을 지지하는 것은 당의 오랜 사회주의 원칙들을 침해하는 행위임을 그들은 알고 있었다.

제국 의회에서 그 운명적인 표결이 진행되기 직전까지 독일사민당은 대대적인 반전 선동을 했다. 1914년 7월 25일에 당 집행부는 이렇게 결론을 맺은 선언문을 발표했다.

"동지들에게 호소한다. 평화를 유지하려는 독일 노동계급의 확고한 결의를 지체 없이 대중 집회에서 표현하라. …… 평화 시에 여러분의 입에 재갈을 물리고 여러분을 경멸하고 착취하는 지배계급은 전쟁 시에는 여러분을 대포밥으로 만들 것이다. 권력을 가진 자들은 모든 곳에서 이런 구호를 들어야 한다. '우리는 전쟁을 하지 않을 것이다! 전쟁을 타도하라! 세계 인민의 국제 형제애 만세!'"
—윌리엄 잉글리쉬 월링 엮음, 『사회주의자들과 전쟁』, 1915년

독일사민당의 사회국수주의 배신 행위를 평가하면서 레닌은 원칙에 입각한 혁명 지도부를 보유한 볼셰비키 당은 러시아판 독일사민당이 아님을 깨달았다. 레닌의 당이 중핵을 선정하고 시험하고 훈련시킨 과정은 베벨과 카우츠키의 당의 경우와 근본적으로 달랐다. 바로 이 차이 때문에 1914년 8월 볼셰비키들은 차르의 감옥에 갇힌 반면 독일사민당 의원단은 '자기들의' 황제를 지지했다.

레닌, 사회민주주의와 결별하다

전쟁과 국제사회주의 운동에 대한 레닌의 기본 정책은 전쟁 발발 몇 주 내에 마련되었다. 이 정책은 세 가지 주요 부분들로 구성되어

있었다. 첫째, 사회주의자들은 전쟁 패배, 특히 '자국' 부르주아의 패배를 주장해야 한다. 둘째, 전쟁은 제국주의 시대 자본주의의 문명 파괴 위험을 입증했다. 그러므로 사회주의자들은 제국주의 전쟁을 내전, 즉 노동계급 혁명으로 전환시켜야 한다. 셋째, 제2인터내셔널은 사회국수주의 때문에 정치적으로 파산했다. 사회민주주의 운동에서 기회주의자들과 완전히 단절하기 위해서는 새로운 혁명적 인터내셔널이 수립되어야 한다.

이 정책들은 10월 혁명이 이뤄질 때까지 레닌의 활동축이 되었으며 전쟁에 대한 그의 글들에서 명확히 표현되었다.

계급투쟁을 선전하는 것은 모든 사회주의자들의 임무다. …… 각국 부르주아 계급이 제국주의 전쟁을 일으키는 시대에는 국가 간의 전쟁을 내전으로 전환시키는 것이 유일한 사회주의적 활동이다. …… 내전의 깃발을 높이 들자! 제국주의는 유럽 문명의 운명을 위험에 빠뜨리고 있다. 일련의 혁명이 성공하지 못하면 전쟁들이 계속 이어질 것이다. ……

제2인터내셔널은 기회주의에 굴복하여 사망했다. 기회주의를 타도하자. '배신자들'뿐 아니라 기회주의자들까지 제거된 제3인터내셔널 만세.

19세기의 마지막 3분의 1과 20세기 시작의 시기에는 가장 잔인한 자본주의 노예제와 가장 급격한 자본주의 발전이 오랫동안 '평화롭게' 구가되었다. 제2인터내셔널은 이 시기에 노동 대중을 조직하는 유용한 준비 작업을 수행하였다. 자본가 정부에 대항하여 혁명적 공세를 가하고 정치권력을 장악하기 위해 모든 나라의 자본가들에 맞서 내전을 벌이며 사회주의의 승리를 위해 노동계급 부대를 조직하는 임무는 제3인터내셔널에게 맡겨졌다!

—「사회주의 (제2)인터내셔널의 지위와 임무」

사회민주주의 정당의 대중을 새로이 공산주의로 견인하는 것에 대해 레닌은 낙관했다. 그는 자신이 노동운동이 두 적대적 정당, 즉 혁명정당과 개량주의 정당으로 분리되어야 한다고 주장하고 있다는 점을 잘 알고 있었다. 상황이 이러했으므로 전쟁에 반대하는 사회민주주의자들은 사회국수주의에 대한 그의 열정적인 비난보다 그의 제3인터내셔널 창립 촉구를 더 반대했다. 실제로 1914년부터 1916년까지 레닌의 논박은 대부분 노골적인 사회국수주의자들인 샤이데만, 반더벨드, 플레하노프 등이 아니라 이들을 변호한 자(카우츠키) 또는 이들과 분립하기를 거부한 자(마르토프) 등 중도주의자들에게 가해졌다.

이 상황에서 레닌은 당 문제와 관련하여 정통 사회민주주의적 입장인 카우츠키의 '계급 전체의 당' 이론을 명확히 거부하지 않을 수 없었다.

세계대전이 초래한 위기는 모든 위장막을 걷어내고, 모든 관습들을 쓸어냈으며, 오랫동안 곪아 있던 화농을 드러냈으며, 기회주의의 진짜 정체가 부르주아 계급의 진정한 동맹자임을 폭로했다. 노동자 정당들로부터 기회주의를 조직적으로 완전히 제거하는 것이 지상명령이 되었다. …… 기회주의는 '극단'을 모르는 단일 정당 내의 '적법한 경향'이라고 오랜 이론이 주장했다. 그러나 이 주장은 이제 노동자들에 대한 엄청난 기만이며 노동계급 운동에 엄청난 장애가 되었다. 노동 대중의 혐오감을 즉시 유발하는 가식 없는 기회주의도 중용을 설교하는 이 이론만큼 무섭고 해롭지는 않다. …… 이 이론의 가장 뛰어난 대변인이자 제2인터내셔널의 권위자인 카우츠키는 완벽한 위선자이며 마르크스주의를 헐값에 팔아넘기는 데 이골이 났다는 것을 스스로 입증했다.

—레닌, 「제2인터내셔널의 붕괴」, 1915년 5~6월

서구 사민주의 정당들의 기회주의를 살피면서 레닌은 자연스럽게 러시아 운동과 볼셰비키주의의 역사를 검토했다. 그리고 볼셰비키 조직이 카우츠키의 조직관에 따라 수립되지 않았다는 사실을 확신할 수 있었다. 전쟁이 일어나기 2년 6개월 전에 그리고 실제로는 이보다 훨씬 전에, 볼셰비키는 러시아의 기회주의인 멘셰비키와 공식적으로도 조직적으로도 완벽히 분립했었다. 레닌은 이제 볼셰비키 당이 새로운 혁명적 인터내셔널의 모델이라고 생각했다.

러시아사회민주노동당은 이미 오래 전에 기회주의자들과 결별했다. 그리고 러시아의 기회주의자들은 이제 국수주의자가 되었다. 이 사실은 이들과의 분립이 사회주의를 이해하는 핵심이라는 우리의 견해를 더욱 확고하게 만들 뿐이다. …… 지금 상황에서 기회주의자들이나 국수주의자들과 분립하는 것이 혁명가들의 1차적 임무라고 우리는 확신한다. 이것은 어용 노조, 유대인 박해자, 자유주의 노동자연합 등과의 분립이 후진 노동자들을 계몽하는 속도를 높이고, 후진 노동자들을 사회민주주의 정당의 대오에 끌어들이는 데에 핵심적으로

중요했던 것과 마찬가지다.

제3인터내셔널은 이러한 혁명적 토대 위에 건설되어야 한다. 우리 당에게 사회국수주의자들과 결별하는 것이 편리하냐 그렇지 않으냐의 문제가 아니다. 이 문제에 대한 최종적인 해답은 이미 나와 있다. 우리 당에게 남아 있는 유일한 문제는 기회주의자들이나 국수주의자들과의 결별이 가까운 미래에 국제적 규모로 성취될 수 있느냐뿐이다.

—레닌과 지노비예프, 『사회주의와 전쟁』, 1915년 7~8월

마르크스주의의 질적인 확대판인 레닌주의는 1914년부터 1917년까지의 시기에 등장했다. 이때 레닌은 제국주의 전쟁, 그리고 적대적 사회국수주의 정당 때문에 제2인터내셔널이 붕괴하는 현실에 혁명적 방식으로 대응했다. 이것이 지금까지 우리 조직이 주장한 요지였다. 그런데 스탈린주의자들은 우리의 주장에 반박해왔다. 이들은 언제나 한 치의 오류도 없이 미래를 투시하는 혁명 지도자 레닌을 상정하고 그에 대한 개인숭배를 조장해왔다. 이들은 레닌이 혁명 활동을 시작한 시점부터 레닌주의가 존재했다고 보고 있다. 또 한편으로 각종 중도주의와 개량주의 좌파들도 우리의 주장을 반박해왔다. 이들은 레닌주의와 1914년 이전의 정통 사회민주주의(카우츠키주의) 사이의 차이를 없애거나 흐리려고 한다.

그러나 일반적으로 볼셰비키들은 레닌주의가 1914년에 탄생했음을 인정했다. 레닌의 사망 직후 그에 대한 추모의 글에서 리더격 볼셰비키 지식인이었던 예브게니 프레오브라젠스키(Evgeni Preobrazhensky)는 이렇게 말했다.

"볼셰비키주의나 레닌주의를 말할 때 두 시기를 명확히 구분해야 한다. 그 두 시기는 대체로 1차 세계대전 이전과 이후로 나뉜다. 물론 이 전쟁이 시작되기 전에도 레닌 동지는 진정한, 왜곡되지 않은 혁명적 마르크스주의를 고수했다. 그러나 이때 그는 사회민주주의자들을 노동계급 내부의 자본가 하수인이라고 간주하지 않았다. 이때 인민주의, 노동조합주의 등의 진영은 독일사민당이 비(非)혁명적 기회주의를 자행하고 있으며 마르크스주의의 혁명 정신을 배신했다고 비난했었다. 이에 대해 레닌은 독일사민당을 옹호하는 글을 여러 번 썼다. ……

레닌 동지가 세계대전 이전에 사망하는 불행이 일어났다고 치자. 그랬다면 아무도 '레닌주의'를 지금 우리가 이해하고 있는 것처럼 마르크스주의의 특별한 확대판이라고 생각하지 않았을 것이다. 레닌은 누구보다 일관되게 혁명적 마르크스주의를 추구했던 사람이었다. …… 이론의 영역에서 진정으로 혁명적인 마르크스주의와 볼셰비키주의를 어떤 방식으로든 구별시키는 특별한 것은 없었다. ……

레닌 동지가 1914년 이후의 시기를 살지 않았다면 그는 러시아 사회민주주의 좌파의 가장 뛰어난 지도자로 역사에 남았을 것이다. …… 바로 1914년의 사건이 그를 세계적 지도자로 변모시켰다. 그는 '넓은 의미에서 이 전쟁은 무엇인가?'라는 근본 문제를 처음으로 제기한 인물이었다. 이에 대해 그는 '이 전쟁은 자본주의 붕괴의 시작을 의미한다. 그러므로 노동운동 전체가 제국주의 전쟁을 내전으로 전환시키는 쪽으로 향해야 한다'는 해답을 찾았다."

—「마르크스주의와 레닌주의」, 《몰로도야 그바르디야》, 1924년

사회국수주의는 무엇을 의미했는가?

1차 세계대전이 일어난 지 몇 주조차 되지 않았을 때 레닌은 사회국수주의자들과 결별하고 새로운 혁명적 인터내셔널을 창립하기로 결심했다. 그러나 왜 그리고 어떻게 서구 노동계급의 대중정당들이 기회주의에 굴복했는지에 대해 이론적으로, 즉 역사적·사회학적으로 해명하는 작업을 바로 하지는 않았다.

여기서 혁명 정치인인 레닌과 마르크스가 비교된다. 마르크스는 자신의 새로운 사회·역사적 전제에서 출발하는 강령적·전술적·조직적 결론을 제출하기 한참 전에 먼저 이론을 완성하는 경우가 종종 있었다. 1848년 말 혁명 발발 9개월이 된 시점에 독일 부르주아 계급은 절대주의를 타도할 능력이 없다고 결론 내렸던 것이 바로 이런 경우였다. 그러나 그가 독일 사회에 대한 자신의 변화된 관점에 부응하는 새로운 전략을 개발한 것은 이로부터 1년 후 그가 망명했을 때였다. 이와 대조적으로 레닌은 혁명적 추진력을 발휘하여 이론을 완성하기 훨씬 전에 기회주의 및 잘못된 정책들과 단절했다.

1914년부터 1916년까지의 시기에 레닌의 이론적 분석은 언제나 정치적 결론과 행동보다 늦게 이뤄졌다. 전쟁과 인터내셔널에 대한 레닌의 이전 저작들은 기회주의를 정치적·이념적 조류로만 파악했다. 서구 사회주의 정당들이 오랫동안 부르주아 합법성을 누렸다는 그의 발언이 기회주의의 성장을 객관적·역사적 조건과 연관시키려는 그의 유일한 시도였다.

기회주의를 사회학적으로 그리고 역사적으로 해명하지 못한 것은 제3인터내셔널 창립 운동을 하는 레닌에게 심각한 약점이었다. 왜냐하면 8월 4일이 단순히 기회주의적인 일회적 사건이거나 되돌릴 수 있는 잘못된 정책이 아니었으며, 따라서 국제 사회민주주의 운동을 분열시키는 것이 완전히 정당하다는 그의 주장은 증명되어야 했기 때문이다. 독일의 중도주의자인 카우츠키/하저/레데부어, 러시아의 마르토프/악셀로드, 이탈리아사회당 지도부 등에 대한 레닌의 투쟁은 전쟁에서 조국 방위 노선의 역사적 의의, 사회민주주의 운동권 내 기회주의의 심도 등에 초점을 맞추었다. '조국 방어' 노선은 엄청난 기회주의적 오류에 불과하다고 중도주의자들은 주장했다. 따라서 이 노선은 철회될 수 있으며 비유적이든 문자 그대로든 제2인터내셔널은 개혁될 수 있다는 것이 그들의 주장이었다. 일부 극단적 국수주의자들은 조직에서 추방되어야 하지만 기본적으로 '옛날의 좋았던 인터내셔널'은 1914년 7월 시점으로 다시 회복될 수 있다는 것이었다. 이에 대해 레닌은 1914년 이전의 인터내셔널은 기회주의 질병에 걸렸으며, 전쟁의 발발로 인해 이 질병은 사회국수주의로 악화되어 더 이상 손쓸 수 없는 불치병이 되었다고 주장했다. 반면 중도주의자들은 전쟁 이전의 인터내셔널은 기본적으로 건강했으며, 지금 사회국수주의의 질병을 앓고 있으므로 사회주의자들의 임무는 이 질병을 치유하고 환자의 생명을 구하는 것이라고 주장했다.

사회국수주의자들을 사면하고 기회주의의 문제를 최소화시킨 주요한 인물은 물론 카우츠키였다. 1915년 2월 15일자 《신시대》에서 그는 독일 제국주의를 옹호하는 '오류를 범한' 동지들에게 동지애를 발휘하여 관용을 베풀어야 한다고 주장했다.

"8월 4일 이래 다수의 당원들이 계속 제국주의를 옹호하는 것을 나는 보았다. 이것은 사실이다. 그러나 나는 이들이 예외적인 분자들일 뿐이라고 믿으며 낙관했다. 이렇게 본 것은 동지들에게 자신감을 불어 넣어주고 패배주의를 물리치기 위해서였다. 1870년에 빌헬름 리프크네히트가 했던 것처럼 동지들에게 관용을 촉구하는 것이 똑같이 중요했다."

—윌리엄 잉글리쉬 월링 엮음, 『사회주의자들과 전쟁』

제2인터내셔널에 대한 중도주의자들의 유연함은 전쟁 초 볼셰비키 당 내부에도 드러났다. 제2인터내셔널은 붕괴했으며 새로운 혁명적 인터내셔널이 창립되어야 한다는 레닌의 입장에 대해 스위스의 볼셰비키 대표였던 카르핀스키는 반대하고 나섰다. 레닌에게 보낸 1914년 9월 27일자 편지에서 그는 이렇게 주장했다.

"인터내셔널 내부에서 일어난 모든 일들을 인터내셔널의 '이념적·정치적 붕괴'로 규정하는 것은 과장일 것이다. 사태의 규모나 내용 어느 것을 보아도 이 규정은 실제로 일어난 사태와 일치하지 못한다. 오직 군사적 문제에서만 인터내셔널이 이념적·정치적으로 붕괴했다고 인정할 수 있다. 나머지에 대해서는 인터내셔널이 이념적으로나 정치적으로 동요했다고 보는 것이 옳으며, 완전히 붕괴했다고 생각할 이유가 없다. 이것은 요새 하나만을 상실한 후 불필요하게 모든 요새들을 내주는 꼴이 될 것이다."

—H. H. 피셔 외 엮음, 『볼셰비키 당과 세계대전』

이 어정쩡한 중도주의를 극복하기 위해 레닌은 8월 4일은 서구 사회민주주의의 성격과 역사에 깊숙이 뿌리 내린 기회주의가 만개한 것임을 증명해야 했다.

제국주의, 사회국수주의, 노동관료층

제2인터내셔널 기회주의의 사회적 토대에 대한 레닌의 분석은 1915년 3월 스위스의 베른에서 열린 볼셰비키 당 협의회에서 '기회주의와 제2인터내셔널의 붕괴'라는 제목의 결의문에 처음 제시되었다.

노동운동의 관료층과 귀족층은 노동계급의 한 부위다. 이들은 식민지 착취와 세계시장에서 이들의 '조국'이 갖는 특권적 지위로부터 이윤의 일부를 얻는다. 이들과 사회주의 정당 내부의 소부르주아 동조자들이 이 기회주의의 주축이자 부르주아 영향력의 통로라는 점이 입증되었다.

이 압축된 분석은 그 다음 해에 발표된 레닌의『제국주의: 자본주의 최고의 단계』(1916년 초),「제국주의와 사회주의 내부의 분열」(1916년 10월), 지노비예프의『전쟁과 사회주의의 위기』(1916년 8월) 등에서 이론적·경험적 깊이를 가지고 발전되었다.

스탈린주의자들은 레닌에 대한 개인숭배를 조장하고 있고 부르주아 역사학은 개인주의적 해석을 특징으로 한다. 따라서 이들은 모두 집단의 일부로서 레닌이 저작에 임했다는 사실을 대체로 인정하지 않는다. 전쟁 기간에 레닌은 지노비예프와 저술 분업을 했는데 이때 후자는 독일 운동에 집중적으로 관심을 기울였다. 이 시기에 나온 레닌의 저작들만 읽을 경우 제국주의 전쟁과 국제사회주의 운동에 대한 볼셰비키의 입장을 심각하게 왜곡해서 받아들이게 된다. 바로 이 때문에 레닌과 지노비예프가 이 시기에 쓴 글들은 1916년에 한 권의 책으로 모아져서 독일어로 출판되었다. 이 책의 제목은 '시류를 거스르며'였다. 독일사민당의 기회주의를 레닌주의적 관점에서 분석한 주요 저서는 지노비예프의 『전쟁과 사회주의의 위기』였다. 이 저서에는 '기회주의의 사회적 뿌리'라는 제목의 장이 있는데 내용이 길다. 지노비예프의 이 중요한 저작의 핵심은 이 장인데 이것은 미국에서 샤흐트만 조직의 잡지 《새 인터내셔널》(1942년 3~7월)에 영어로 다시 발간되었다.

영국에는 부르주아 계급과 제국주의를 지지하는 노동관료층이 존재해왔다. 이 점을 마르크스주의자들은 오랫동안 인정해왔다. 엥겔스는 영국 노동조합의 부르주아파 지도자들을 신랄하게 비난했었다. 그리고 이 현상을 영국 경제의 세계 지배와 연관시켰다. 그러나 제2인터내셔널의 마르크스주의자들은 계급협조주의적 영국 노동운동을 역사적 예외로 간주했으며 다행히도 유럽 대륙의 사민주의는 이 단계를 건너뛰었다고 생각했다. 독일 노동관료층에 대해 쓴 자기 저서의 해당 장 앞부분에서 지노비예프는 '이 타락한 사회 계층이 사회민주주의에는 존재하지 않는다고 마르크스주의자들은 생각해왔다'고 말한다.

1차 세계대전 이전에 노동관료층을 말했을 때 이것은 **거의 전적으로** 영국 노동조합을 말하는 것으로 우리는 이해했다. 그리고 웹 부부의 기본적 저술 작업, 특권층 정신, 오랜 영국 노동조합 운동 관료층의 반동적 역할 등을 머리에 떠올렸다. 그리고 우리 스스로 이렇게 말했다. "우리는 이 관료층의 모습으로 창조되지 않았으며 이 고통의 잔이 유럽 대륙의 우리 노동운동에 존재하지 않아서 얼마나 다행스러운가."

그러나 오랫동안 우리는 이 고통의 잔을 들이켜왔다. 전쟁 전에 모든 나라의 사회주의자들에게 모델로 간주되었던 독일의 노동운동에서 영국에서와 똑같은 규모의 반동적 노동관료층이 등장했다. (강조는 인용자)

제2인터내셔널에서 사회국수주의가 승리하자 레닌은 제국주의를 지지해온 영국 노동운동 지도부의 역사적 의의를 다시 생각하게 되었다. 그리고 '빅토리아 시대 영국의 계급협조주의 노동조합 운동은 다른 나라들, 특히 독일이 영국의 경제를 따라잡고 영국과 경쟁하는 제국주의 강대국이 될 경우 등장할 경향들을 미리 보여주었다'는 결론을 내렸다.

1870년의 독불전쟁에서 승리한 후 독일에서는 공업이 매우 급격하게 발전했다. 이 과정에서 강력한 사회민주주의 노동운동이 등장했으며 독일은 적극적인 제국주의 강대국으로 변모했다. 독일의 팽창주의 목표들은 전쟁을 통해서만 실현될 수 있었다. 그런데 강력한 노동운동이 전쟁을 적극적으로 반대할 경우 독일 지배계급은 주요 전쟁에서 승리할 수 없었다. 그래서 독일 제국주의는 사회민주주의 지도부의 협조가 필요했다. 1848년의 부르주아 민주주의 혁명은 독일에서는 패배했으며, 그 결과 반(半)봉건적 정치 구조가 등장했다. 이 때문에 지배층과 노동관료층의 화해는 영국처럼 자연스러울 수 없었다. 바로 이 점 때문에 8월 4일 사건은 큰 충격이었다.

그러나 1914년 독일사민당의 전쟁 공채 찬성과 영국노동당의 내각 참여는 그 저변의 역사적 과정이 유사하다고 레닌은 인식했다. 『제국주의론』에서 레닌은 이렇게 말했다.

제국주의가 노동자들을 분열시키고 이들 사이에 기회주의를 강화시키고 노동계급 운동의 일반적이고 핵심적인 이해를 **일시적으로 부패시키는** 경향은 영국에서 19세기 말과 20세기 초 훨씬 이전에 모습을 드러냈다. ······

이러한 경제적·정치적 조건이 지배적인 점이 현 정세의 뚜렷한 특징이다. 이 상황은 노동계급 운동의 일반적·핵심적인 이해와 개량주의 사이의 화해 불가능성을 증대시킬 수밖에 없다. ······

19세기 후반부에 영국에서 수십 년간 그랬던 것처럼 기회주의는 어느 한 나라에서 완전히 승리할 수는 없다. 그러나 현재 기회주의는 여러 나라들에서 성숙했고 너무 성숙해서 물러터지고 있다. 그리고 '사회국수주의'를 통해 부르주아 정책과 완전히 결합했다. (강조는 인용자)

레닌의 『제국주의론』은 국제 노동자운동에서 기회주의 세력이 강화된 원인인 세계 자본주의 체제의 변화들을 다루고 있다. 한편 지노비예프의 1916년 저서는 독일 사회민주주의 내부의 기회주의 세력을 구체적으로 분석하고 있다.

독일사민당이 보유한 엄청난 규모의 재정은 많은 수의 실무자들을 먹여 살렸다. 이들은 노동자들을 대표할 것으로 기대되었으나, 노동자들과는 굉장히 거리가 먼 편안한 소부르주아 생활을 영위했다. 사회민주주의 관료층은 높은 생활수준과 함께 사회에서의 특권적 지위를 누렸다. 독일의 지배 엘리트들은 독일사민당과 노동조합 지도자들을 깍듯이 대했으며 '온건파'와 카를 리프크네히트 같은 급진파를 구별하기 시작했다. 과거에 인쇄소에서 일하거나 안장을 고치는 일을 했던 사민당 관료들이 독일의 대토지 귀족들로부터 귀한 대접을 받았다. 그리고 이는 어마어마하게 효과적으로 그들을 타락시켰다. 전쟁 시기를 다룬 샤이데만의 회고록을 언급하면서 카를 쇼스키는 자신의 뛰어난 저서 『1905년부터 1917년까지의 독일의 사회민주주의 운동』에서 이렇게 논평하고 있다. "샤이데만의 회고록을 읽는 독자들은 그가 장관들과 같은 예우를 받으면서 회의에 초대되는 것에 대해 느꼈던 진정한 기쁨을 충분히 이해했을 것이다." 능력과 야심을 갖춘 젊은 노동자들은 독일사회민주의란 기관을 통해 계급 및 계층 분화가 고도로 진행된 사회의 최상층에 도달할 수 있었다.

지노비예프가 1916년에 완성한 『전쟁과 사회주의의 위기』는 레닌이 전쟁 초기 저작들을 통해 기회주의의 원인을 이념적 수정주의라고 강조한 측면의 오류를 교정해주고 있다. 사실 독일사민당의 공식 사상과 강령은 이 정당의 개량주의 활동을 반영하지 못했다. 대부분 노동자 출신이었던 사회민주주의 지도자들 다수는 실제 정치 활동에 있어서는 사회주의를 신봉하지 않았다. 그러나 정서적으로는 그후 꽤 시간이 지나서까지도 자신이 사회주의자라고 생각했다. 전쟁만이 공개적으로 사회주의 원칙과 결별하도록 사민당을 강제했다.

독일사민당 관료층은 빌헬름 황제의 독일 사회에서 체제를 유지하는 역할을 실제로 맡았다. 이 역할에서 나온 허위의식이 바로 사회국수주의였다. 이 점을 지노비예프는 인식했다.

'지도자들의 배신'은 면밀하게 준비된 음모 또는 의식적으로 노동자들의 이해를 팔아넘긴 행위와는 거리가 멀다. 존재가 의식을 규정한다. **존재가 의식에 의해 규정되지는 않는다.** 노동관료층은 **전쟁 전의 '평화로운' 시기에 설정된 운동의 낡은 관행을 통해** 자신들의 '의식'을 완전히 부르주아로 만들었다. 이는 불가피했다. 그리고 바로 이것이 노동관료층의 사회적 핵심이다. 이 대규모 지도자층은 노동계급의 등 뒤에 올라타서 사회적 지위를 누렸다. 그리고 객관적으로 제국주의 부르주아의 하수인 집단이 되었다. (강조는 원저자)

무정부주의적 조합주의자들은 사회민주주의 관료층에 대한 혁명적 마르크스주의자들의 공격에 박수를 보내며 '우리는 이 점을 전부터 그대들에게 얘기했었다'고 외쳤다. 이 때문에 볼셰비키들은 자신의 입장을 무정부주의적 조합주의자들의 입장과 면밀하게 구분시키면서 공식 사회민주주의를 공격했다. 어떤 의미에서 보면 강력한 개량주의 관료층의 존재는 대중적 노동운동의 발전에 따른 산물이었다. 이것이 지노비예프의 지적이었다. 그런데 관료주의에 대해 무정부주의적 조합주의는 '객관적으로 자본주의를 타도할 수 있는 조직된 세력인 노동자운동은 스스로 해체해야 한다'는 해결책을 제시했다. 개량주의 관료층은 노동자운동의 혁명적 잠재력을 억압했다. 이에 대해 무정부주의적 조합주의자들은 관료층이 무력화되도록 노동자운동을 해체하자고 제안했다.

관료층은 당과 노동조합의 실무자들로 구성된 대규모 조직과 동일하지 않다고 지노비예프는 주장했다. 반대로 이런 기구는 노동계급을 국가권력으로 인도하는 데 필요했다. 그의 주장에 따르면 사회주의자들의 결정적 임무는 노동운동의 지도자들과 실무자들을 국제 노동계급의 역사적 이해에 종속시키는 것이었다.

전쟁을 놓고 벌어진 노동운동의 위기에 노동관료층은 반동적 세력이 되었다. 이것은 의심할 것 없이 올바른 판단이었다. 그렇다고 해서 대규모 기구를 가진 조직, 노동계급 조직에 복무하기 위해 특히 헌신하는 인적 자원의 광범위한 층이 없이 노동운동이 성공할 수 있다는 것은 아니다. 노동운동이 너무 허약하여 고용인과 실무자를 둘 수 없었던 과거로 돌아가는 것은 우리의 바람이 아니다. 차라리 노동운동이 달라져서 강력한 노동계급 운동이 실무자층을 자신의 요구에 종속시키고 판에 박힌 일을 거부하며 관료적 부패를 일소하는 그런 미래로 전진하기를 원한다. 이렇게 되면 새로운 인적 자원이 일선에 등장할 것이고 이들은 투쟁적 용기로 물들어 새로운 정신으로 가득 채워질 것이다.

노동자운동이나 노동자 전위당 내의 관료주의에 대한 해결책을 기계적이거나 조직적으로 도출할 수는 없다. 관료주의와 개량주의에 맞서 투쟁하기 위해서는, 부르주아 사회가 노동자운동과 이 내부의 부위들과 전위에 대해 가하는 다양한 영향력과 압력에 대항하여 끊임없이 정치투쟁을 해야 한다.

노동귀족층에 대한 레닌주의 입장

제2인터내셔널의 마르크스주의자들은 노동계급 전부가 사회주의를 지지하지는 않는다는 사실을 잘 알고 있었다. 다수의 노동자들은 종교 등의 부르주아 이데올로기를 신봉했으며, 자본가 정당들을 지지했다. 1914년 이전의 사회민주주의자들은 일반적으로 정치적 후진성을 사회적 후진성과 연관시켰다. 특히 농민과 기타 소생산자 출신의 노동자들은 출신 계급의 세계관을 그대로 지니는 경향이 있었다. 이것을 사회민주주의자들은 잘 알고 있었다. 그래서 카우츠키는 1909년에 출간한 자신의 저서 『권력으로 가는 길』에 이렇게 썼다.

대체로 소자본가와 소농계급의 알을 까고 세상에 나온 다수의 노동자들은 오랫동안 이 계급들의 알 껍데기를 뒤집어쓰고 다닌다. 이들은 자신들을 노동자로 인식하기보다는 언젠가 재산 소유주가 될 존재라고 생각한다.

다시 말해 문화수준이 낮고 조직되어 있지 않은 농촌 출신 비숙련 노동자들은 부르주아의 권위에 대단히 복종적일 것이라는 뜻이다. 이것이 당시 사회민주주의자들의 일반적인 입장이었다. 19세기 후반 독일과 프랑스에서 이 정치적·사회학적 일반화는 유효했다.

그러나 강력한 노동조합 운동의 발전과 함께 노동계급의 밑바닥 뿐 아니라 가장 꼭대기에서도 사회적·정치적 보수주의가 등장했다. 강력한 직업별 노동조합의 숙련 노동자들은 자신들이 일반 노동시장이나 주기적 실업과 관계가 멀다고 생각해서, 협소한 집단적 시야를 보이는 경향이 있었다.

노동관료층과 노동귀족층은 빅토리아 시대의 영국에서 맨 처음 등장했다. 영국 직업별 노동조합의 협소한 집단정신은 잘 알려져 있었다. 게다가 영국 노동계급의 상층부는 거의 영국인이나 스코틀랜드인이 차지하고 있었고, 비숙련 노동력은 아일랜드인이 제공하고 있었다.

전쟁 이전 독일 사회민주주의는 대체로 생활수준이 높으며 숙련된 노동자들에게 대중적 기반을 두고 있었다. 이 사회학적 구성에서 지노비예프는 개량주의의 중요한 근원을 발견했다.

베를린 사회민주주의 조직의 압도적 다수는 **훈련된 숙련 노동자들이다.** 다른 말로 하면 **사회민주주의 조직의 압도적 다수는 노동계급 가운데 급여 수준이 높은 층으로 구성되어 있다.** 이 부위에서 다수의 **노동귀족층이 나온다.** (강조는 원저자)

—『전쟁과 사회주의의 위기』

여기서 지노비예프는 노동귀족층이 독일사민당 우파의 대중적 기반을 제공한다는 점을 주장했을 뿐, 사실 관계를 통해 증명한 것은 아니었다. 따라서 그는 에드워드 시대 영국의 정치사회학을 아주 다른 지형인 빌헬름 황제의 독일에 기계적으로 대입했다고 비판받을 수 있다. 독일에서는 직업별 노동조합이 영국에서만큼 그리 큰 역할을 하지 못했다. 반면 전쟁이 터지기 직전까지 농촌의 후진성은 독일의 정치 생활에 큰 영향을 미쳤다. 독일사민당 우파의 반석과 같이 확고한 정치 기반은 당의 지방 조직들이었다. 우파 관료들은 당의 선거구를 소도시에 유리하게 바꾸어 급진파들에 대항하려고 했는데 후자는 언제나 대도시에 집중되어 있었다. 남부 독일의 소도시에 거주하는 비숙련 노동자인 농부의 아들은 베를린의 기계공 장인보다 베른슈타인과 에두아르드 다비드로 대표되는 독일사민당 우파를 지지할 가능성이 더 컸다.

지노비예프는 기회주의의 사회학적 기반에 대한 영국의 모델을 독일사민당에 지나치게 기계적으로 대입했다. 그러나 제국주의 시대 노동계급의 계층 분화에 대한 레닌주의의 기본적 입장은 아직도 유효하다. 규모가 크며 뿌리가 확고한 선진 자본주의 국가 노동운동의 상층부는 노동계급 대중보다는 보수주의에 기우는 경우가 상대적으로 많다. 더욱이 어떤 경제적 한계 내에서는 부르주아 계급과 노동관료층이 노동귀족층과 노동계급 전체의 격차를 더 벌릴 수 있다.

다음과 같은 지노비예프의 주장은 전적으로 옳다.

노동계급의 각 계층 사이에 분열을 조장하고, 이들 사이에서 경쟁을 촉진하고, 상층부를 타락시키고 부르주아적 '품위'의 하수인이 되게 만드는 것을 통해 이 부위를 노동계급의 나머지로부터 격리시

키는 것은 부르주아 계급의 이해에 전적으로 부합한다. …… 사회국
수주의자들은 모든 나라의 노동계급을 분열시키고 이를 통해 여러
나라의 노동계급들 사이의 분열을 강화시키고 악화시킨다.

—앞의 책

그러나 노동계급의 최상층이 모든 곳에서 언제나 정치적으로 노
동계급 다수의 오른쪽에 위치하는 것은 아니다. 때때로 고숙련 노
동자들은 경제적으로 안정되어 있기 때문에 일상적인 물질적 필요
에 더 큰 관심을 보이는 다수의 조직 노동자들보다 더 급진적인 태
도를 보이기도 한다. 예를 들어 1920년대 바이마르 시대의 독일에
서 숙련 노동자들의 공산당 지지는 기본 공장 노동자들보다 더 강
력했다. 이때 후자는 직접적 개량을 위해 사민당을 지지했다. 1927
년 독일공산당 당원들에 대해 프란츠 보르케나우(Franz Borkenau)
는 이렇게 설명했다.

숙련 노동자나 숙련 노동자 출신들이 당원의 5분의 2를 차지하고
있다. 이들의 아내들까지 포함하면 그 수는 거의 당원의 절반에 이를
것이다. …… 노동귀족층이 있다면 바로 이들이다.

—『세계 공산주의』, 1939년

노동귀족층에 대한 레닌의 입장은 노동자들이 생활수준이 높을
수록 혁명의식을 더 잘 이해한다는 전통적이며 긍정적인 사회민주
주의 입장을 교정하는 중요한 역할을 했다. 사실 사회민주주의의
입장은 정치적으로 보수적이고 사회적으로 후진적인 농민 출신 비

숙련 노동자들의 급격한 성장에 대한 보수적 반응이기도 했다. 농촌 출신 노동자들은 대단히 전투적일 수는 있으나 매우 불안정하여 안정적으로 조직하기가 어렵다. 예를 들어 1차 세계대전 이전에 미국의 조합주의 조직인 세계산업노동자(Industrial Workers of the World)로 조직된 이주 농업노동자나 벌목공과 같은 노동자 집단은 대단한 전투성과 동시에 굉장히 큰 조직적 불안정성을 보였다.

오늘날 마르크스주의를 자임하는 분자들은 노동계급의 숙련도가 높고 봉급 수준이 높은 부위에 대해 사회민주주의자들만큼 긍정적이지 않다. 이와 반대로 지난 시기에 신좌익(New Left) '마르크스주의'는 정반대의 극단으로 치달았다. 이 정치경향은 선진자본주의 국가의 조직된 노동계급 전체를 제국주의의 떡고물에 매수된 '노동귀족층'으로 매도했다. 한때 사회민주주의 관료층에 대한 혁명적 마르크스주의자들의 공격을 무정부주의적 조합주의자들이 활용했듯이 노동귀족층의 역할에 대한 레닌의 비판적 분석은 반(反)노동계급적 소부르주아 급진주의 특히 민족주의에 의해 왜곡되어 활용되고 있다.

신좌익의 제3세계주의는 어느 정도 모택동주의와 연관이 있다. 이 경향의 대표적 지식인은 《월간 평론》의 편집자 폴 스위지다. 그는 『자본론』 1권 출판 100주년을 맞이하여 《월간 평론》에 「마르크스와 노동계급」(1967년 12월)이라는 글을 썼는데, 여기서 노동귀족층에 대한 레닌의 분석을 수정주의적으로 왜곡했다. 이 글에서 스위지는 레닌의 『제국주의론』을 들먹이며 우리 시대의 주요한 혁명 동력은 후진국의 농촌 대중이라고 주장한다. 그의 글을 살펴보자.

레닌의 주요한 공헌은 『제국주의: 자본주의 최고의 단계』였다. 이 책은 1917년에 출판되었으므로 『자본론』 1권이 출간되고 나서 정확히 50년 뒤에 세상에 나왔다. 이 책에서 레닌은 이렇게 주장했다. "자본주의는 몇 되지 않는 '선진' 국가들이 식민지를 억압하고 세계의 압도적 다수의 인민을 금융을 통해 목 졸라 죽이는 세계 체제가 되었다." 그리고 제국주의 국가들의 자본가들은 자기 '노획물'의 일부를 뇌물로 사용하여 노동귀족층을 자기 편으로 끌어들일 수 있으며 실제로 그렇게 하고 있다고 주장했다. 이 주장의 논리는 선진 공업국들의 대다수나 전체로 **확대 적용**될 수 있다. 어쨌든 자본주의 체제의 세계적 성격을 고려하면 자본주의의 이 단계에서는 좀더 혁명적이라기보다는 **좀 덜** 혁명적인 노동계급이 탄생되는 경향이 있다. 이렇게 믿을 만한 강력한 이유들은 확실히 존재한다. (강조는 인용자)

노동귀족층을 보수가 비교적 높은 노동계급의 부위와 동일시한다는 점에서 신좌익은 커다란 오류를 범하고 있다. 우선 미국의 자동차 노동자나 트럭 노동자들처럼 상대적으로 보수가 높은 다수의 노동자들은 비숙련·반(半)숙련 노동자들과 함께 산업별 노동조합에 속해 있다. 이들은 모두 제국주의자들의 매수나 일자리 제공 등이 아니라 고용주에 대항한 전투적 투쟁을 통해서 지금의 보수 수준을 쟁취했다. 또한 직업별 노동조합으로 조직된 노동자들 모두가 노동귀족층이라고 할 수도 없다. 직종에 따라 조직된 재봉 노동자들은 미국에서 노동조합으로 조직된 노동자들 가운데 봉급이 가장 낮다.

『제국주의론』과 관련된 저작들에서 노동귀족층은 전체 노동계급에 비하면 극소수라는 점을 레닌은 여러 차례 강조했다. 그리고 이것은 경험적인 추정이 아니라 사회학적 주장이었다. 노동귀족층은 노동계급의 일부이며, 오직 노동계급과 연관이 되어 있을 때에만 사회적 특권을 누릴 수 있다. 궁핍한 식민지 대중과 비교하면 제국주의 국가의 노동계급은 노동귀족층이라는 것이 신좌익 제3세계주의자들의 생각이다. 그러나 이 사고는 유럽과 북미의 노동계급이 '자국' 부르주아 계급에게 착취당하고 있다는 가장 중요한 특징을 부정한다. 남아프리카공화국의 인종 분리 정책을 변호하는 자들은 이 나라의 노동자들은 아프리카 지역 다른 국가들의 노동자들보다 더 잘산다고 주장한다. 이 주장과 신좌익 제3세계주의자들의 주장은 방법론이 유사하다.

　스위지의 수정주의는 노동귀족층의 범주를 선진 자본주의 국가의 대다수 노동자들에게 확대하는 것으로 그치지 않는다. 정치적 범주가 아니라 사회학적 범주인 실제 노동귀족층에 대한 레닌의 입장도 그는 왜곡하고 있다. 노동계급의 최상층은 자신의 보잘것없는 특권을 방어하느라 생각과 행동을 전부 쏟아붓는 경우가 종종 있다. 따라서 이들은 노동자의 이해가 '자기들' 부르주아 계급의 이해와 묶여 있다는 허위의식을 재생산하는 문화적 매개체다. 그래서 제국주의 전쟁, 보호무역 정책, '이윤 공유' 방식 등을 노동자들이 지지하게 만든다. 그러나 노동귀족층은 노동계급의 일부이기도 하다. 그래서 노동계급 전체와 공통의 계급적 이해를 가지고 있기 때문에 궁극적으로 그리고 태생적으로 제국주의를 지지하는 부위라고 볼 수 없다. 자본주의가 정상적으로 작동하는 상황에는 노동귀족층이 계급 전체를 희생시켜 단기적으로 자신의 경제적 이익을 추구할 수도 있다. 그러나 주요한 경제 불황, 처참한 전쟁 등의 영향을 받을 경우 노동계급의 일부인 이 계층의 장기적 이해가 전면에 나서는 경향이 있다.

레닌주의자는 교사나 소농민 등 착취당하는 소부르주아 계급조차 혁명적 사회주의로 획득하기 위해 노력한다. 따라서 상대적으로 특권을 누리며 소부르주아화하기는 했지만 노동귀족층은 부르주아 반혁명 진영으로 넘어갔다고 볼 수 없다. 혁명기에 노동귀족층 일부는 반혁명에 가담할 수 있다. 10월 혁명 당시 상대적으로 특권을 누리던 철도 노동자들은 멘셰비키의 반혁명 활동을 지지했다. 그러나 후진국에서 엘리트 노동자층인 멕시코의 석유노동자들은 오랫동안 이 나라 노동운동의 가장 선진적인 부위가 되어왔다.『제국주의론』이 완성된 직후 쓴 어느 중요한 글에서 레닌은 노동계급의 특정 부위가 부르주아 진영으로 넘어가는 문제는 오직 정치투쟁을 통해서만 결정될 수 있다고 명확히 주장한다.

노동계급의 어느 부위가 지금 사회국수주의와 기회주의를 따르고 있으며 앞으로는 어떤 부위가 그렇게 될지 우리도 정확히 계산할 수 없다. 이것은 오직 투쟁을 통해서만 판가름이 날 것이며 오직 사회주의 혁명을 통해서만 확정적으로 결정될 것이다.
　　　　　　　　　　—『제국주의와 사회주의의 분열』, 1916년 10월

노동귀족층에 대한 레닌주의자의 태도는 노동귀족층의 지도부인 노동관료층에 대한 태도와 크게 다르다. 자본주의가 쇠퇴하는 제국주의 시대에 개량주의는 성공할 수 없다. 따라서 출신 성분이나 원래의 의도와는 무관하게 노동운동의 지도자들은 혁명 노선을 지지하지 않을 경우 자신의 사회적 역할에 의해 노동자의 이해를 부르주아 계급의 이해에 종속시킬 수밖에 없다. 나중에 레닌은 "노동운동 내부의 부르주아 하수인"(「'좌파' 공산주의: 소아병」, 1920년)에 대해 이렇게 주장했다.

> 20세기 제국주의는 일부 선진국들에게 대단히 특권적인 지위를 부여했다. 이 때문에 모든 제2인터내셔널 정당들에서 배신자, 기회주의자, 사회국수주의 지도자 등이 등장하여 자신의 직업별 이해 그리고 노동귀족층 가운데 자기 부위의 이해를 옹호한다. …… 이 해악이 퇴치되고 기회주의적이며 사회배신적인 지도자들이 폭로되고 불신되고 축출되지 않은 한 혁명 노동자들은 승리할 수 없다.
>
> ─앞의 글

이와 대조적으로 보수적 부르주아 이데올로기에 넘어갈 취약성이 있기는 하지만 숙련되고 보수가 높은 노동자들은 "노동운동 내부의 부르주아 하수인"이 아니다. 노동계급의 나머지와 마찬가지로 이들은 배신적 지도자들로부터 떼어져서 혁명의 편으로 획득되어야 한다.

고전적 마르크스주의와 레닌주의 전위당

1916년경 레닌은 공식적으로 사회민주주의와 결별하고 볼셰비키 당을 모델로 한 국제 전위당을 수립하기 위한 강령적·이론적 기초를 이미 발전시켜놓았다. 물론 볼셰비키 혁명과 소비에트 국가 수립이 1919년 공산주의 인터내셔널 창립에 결정적인 영향을 미쳤다. 이 책의 목적은 조직 문제에 대한 레닌의 입장이 전통적인 혁명적 사회민주주의에서 발전해나간 과정을 추적하는 것이다. 이 과정은 러시아 혁명이 성공하기 전에 핵심적으로는 완성이 되어 있었다. 따라서 레닌주의 전위당 및 조직 문제와 관련하여 과거 마르크스주의 운동의 경험을 논의하면서 글을 마무리하고자 한다.

전위당과 관련된 마르크스주의 운동의 역사는 역설적인 것처럼 보인다. 1847년부터 1852년까지 존재했던 최초의 마르크스주의 조직인 공산주의동맹은 전위 선전그룹이었으며, 블랑키주의, 카베의 이카루스그룹, 독일의 '진정한 사회주의 경향', 영국의 차티스트 운동 등 사회주의 및 노동자운동 내부의 모든 경향들로부터 명확히 자신을 구분시켰다. 이와 대조적으로 나중에 수립된 국제노동자연합(제1인터내셔널)은 노동계급의 모든 조직들을 포괄하려 했다. 제1인터내셔널의 주축은 영국의 노동조합 운동이었는데 정치적으로 자유부르주아를 지지했다. 사회주의 인터내셔널(제2인터내셔널)은 지도적 지부는 마르크스주의를 표방한 독일사민당이었지만 노동계급의 사회주의 정당들을 모두 포괄하려 했다. 1908년 제2인터내셔널은 새로 창당된데다 사회주의를 표방하지 않은 영국노동당까지 받아들였다. 따라서 1919년의 공산주의 인터내셔널은 어떤 의미에서 1848년의 공산주의동맹을 대중적 기반 위에 부활시킨 것이었다.

그렇다면 19세기 말 고전적 마르크스주의 운동이 전위당 원칙에서 벗어난 현상은 어떻게 설명해야 할까? 스탈린주의 저술가들은 때때로 이 사실을 부인하면서 역사를 왜곡하여 마르크스/엥겔스를 레닌주의 조직 원칙의 주창자로 내세우기까지 한다. 그러나 마르크스/엥겔스의 조직 정책을 비판하고 공산주의 인터내셔널과 같은 것이 1860년대부터 1890년대 시기에 수립될 수 있었고 수립되었어야 한다고 주장하는 것은 구체적 역사 현실을 무시한 관념주의가 될 것이다. 1847년에 수립된 공산주의동맹은 임박한 부르주아 민주주의 혁명을 전제로 한 것이었다. 도시에 거주하는 수공업 노동자들을 포함한 대중을 조직하는 임무는 광범위한 민주주의 혁명 운동에 의해 성취되고 있었다. 공산주의동맹의 임무는 살아 움직이고 있던 혁명 운동의 지도력을 확보하는 것이었다. 이를 위해 이 조직은 유토피아 사회주의자들은 물론 부르주아 민주주의자들에 대항했다. 공산주의동맹은 자신을 부르주아 민주주의 혁명 운동의 노동계급적 사회주의 전위로 규정했다. 1852년 쾰른 공산주의자 재판과 함께 1848년의 혁명기는 확실히 끝났다. 그로 인해 마르크스의 혁명 전략과 이 전략에 기초한 조직은 더 이상 생존할 수 없게 되었다.

1848년 혁명과 1905년 러시아 혁명 사이의 시기에 서구 주요 국가들에서는 부르주아 민주주의 혁명의 가능성이 사라졌고, 노동계급이 사회주의 혁명을 하기에는 경제적 토대가 아직 성숙해 있지 않았다. (이 문제와 관련하여 영국은 특수하고 예외적인 문제들을 안고 있었다. 1850년대에 영국은 프랑스나 독일보다 훨씬 발전한 상태였지만, 여전히 공업 노동자보다 하인의 수가 많았다.) 따라서 사회주의자의 임무는 원자화된 노동자들을 조직하여 사회주의 혁명의 전제조건을 확보하는 것이었다. 1848년의 패배 이후 부르주아 국가의 효과적인 탄압 때문에 수십 년간 독일과 프랑스에서 노동계급을 안정적으로 조직하지 못하고 있는 상황이었으므로, 이들을 조직화하는 것이 더욱 절실했다.

그러므로 1860년대부터 1890년대까지의 기간에 독일이나 프랑스에 레닌주의 전위당이 수립되었다면, 그 정당은 광범위한 잠재적 혁명 운동과는 분리된 채 정치적 진공 상태에서 존재했을 것이다. 그래서 제1인터내셔널의 해체 이후의 시기에 마르크스는 실제로 자본주의를 타도할 수 있는 노동자운동을 건설하는 임무에서 벗어난 채 자기만족용으로 국제 지도부를 다시 수립하는 것에 반대했다. 네덜란드의 무정부주의자 페르디난트 도멜라-니우엔후이스에게 보낸 1881년 2월 22일자 편지에서 그는 이렇게 말했다.

나의 확신으로는, 국제노동자연합을 새로 수립할 결정적 국면은 아직 도달하지 않았고 이 때문에 특정 국가의 실제 조건과 직접 관련이 없는 노동자 대회나 사회주의 대회는 모두 소용없을 뿐 아니라 실제로는 해롭다. 이것들은 끝없이 반복되는 진부하고 일반적인 언사들 속에 파묻혀 아무 효과 없이 끝날 것이다.

—마르크스와 엥겔스, 『서한문 선집』, 1975년

서구에서는 부르주아민주주의 혁명 운동에서 벗어나 대중적 노동계급 사회주의 정당으로 전환하기 위해서 수십 년의 준비 활동이 필요했다.

그러나 차르의 러시아에서 활동하던 마르크스주의자들이 맞이한 상황은 그와는 근본적으로 달랐다. 러시아에서는 부르주아 민주주의 혁명이 곧 도래할 가능성이 있었다. 그리고 부르주아 민주주의 혁명 운동이 지식인층의 광범위한 지지를 받으며 급진 (사회주의적) 인민주의의 형태로 존재했다.

플레하노프의 노동해방그룹이 1880년대에 직면한 상황은 1848년 혁명 직전에 공산주의동맹이 처했던 상황과 중요한 측면들에서 유사했다. 플레하노프는 부르주아 민주주의 혁명에서 전위 역할을 할, 사회주의 지식인들이 주도하는 노동계급 정당을 상정했다. 이 정당은 소부르주아 급진 경향들로부터 확실히 구분되어야 했다. 노동해방그룹의 1883년 강령은 이 전위당 개념을 명확히 표현하고 있다.

> 후진적 생산체제의 가장 해로운 결과는 과거에도 그랬고 지금도 중간계급의 미약한 발달이다. 우리나라에서 이들은 절대주의에 대한 투쟁에서 **주도력**을 발휘할 능력이 없다.
>
> 우리 사회주의 지식인들이 현재의 해방 운동을 지도할 수밖에 없는 이유가 바로 여기에 있다. 이 운동의 직접적 임무는 우리나라에 자유로운 정치 제도들을 정착시키는 것이다. 노동계급이 러시아의 미래 정치 생활에서 적극적이고 결실이 있는 역할을 할 기회를 갖도록 할 의무가 현재 사회주의자들에게 있다. (강조는 원저자)
>
> ─플레하노프, 『철학 저작선 1권』(1961년)

비스마르크와 빌헬름 황제가 지배하던 독일에서 부르주아 정당들은 모두 사회민주주의에 적대적이었다. 그러나 사회민주주의는 노동자운동 전체를 그리고 정치 민주화를 다른 어떤 세력보다 훨씬 강력하게 대변하고 있었다. 가톨릭중앙당, 국민자유당, 진보당 등은 가뭄에 콩 나듯이 어쩌다 한 번씩 반(半)전제주의 정부에 도전하는 세력으로 비추어졌을 뿐이었다. 이와 대조적으로 러시아 사회민주주의자들은 중핵 결집과 공업 노동자 등 대중에 대한 영향력 확보를 위해 급진인민주의자들이나 자유부르주아들과 경쟁해야 했다. 게다가 러시아는 다민족 국가였기 때문에 사민주의자들은 우크라이나급진민주당, 폴란드사회당 등 민족주의 좌파 정당들, 발트해 연안과 코커서스 지방의 이와 유사한 정당들과도 경쟁해야 했다.

그래서 플레하노프의 사회민주주의자들은 양면적인 조직 원칙을 가지고 있었다. 이들은 노동계급에 대해서는 독일사민당을 본떠서 '계급 전체의 당'이 되려고 했으나 러시아 제국에 존재하는 온갖 종류의 차르 반대 세력들에 대해서는 전위당이 되기를 원했다.

플레하노프의 사회민주주의로부터 레닌은 서구 사회주의 정당에는 없던 전위당 개념을 물려받았다. 레닌이 아니라 플레하노프가 시작한 경제주의에 대한 투쟁은 광범위하고 잡다한 부르주아 민주주의 세력들과의 관계에서 사회민주주의의 전위당 역할을 보존하는 데에 그 의의가 있었다. 레닌은 1903년에 러시아 사회민주주의를 분열시켰지만 이때 그는 아직 대중적 기반을 확보하지 못한 상태였다. 이 때문에 그는 자신의 행위가 가진 의의를 온전히 인식하지 못했다. 그는 멘셰비키와의 분립을 노동계급 사회주의를 소부르주아 민주주의로부터 분리시키려는 올바른 투쟁의 계속으로 간주했다. 실제로 그의 행위는 노동계급을 대중적 기반으로 확보하려는 개량주의자들로부터 혁명적 사회주의자들을 분리시켰다.

1914년 이전의 볼셰비키주의는 세계사적인 의의를 가지고 있었다. 제국주의와 혁명의 시대에 승리하기 위해 요구되는 조직 원칙들을 미리 보여주었기 때문이다. 1차 세계대전으로 자본주의 쇠퇴의 시대가 열렸을 때, 노동계급 혁명의 최대 장애물은 부르주아 사회와 노동운동의 미성숙이 아니었다. 강력한 노동운동에 기반을 둔채 한물간 사회체제를 보존하는 반동적 노동 관료층이 혁명의 최대 장애물로 떠올랐다. 따라서 혁명적 사회주의자들이 가장 먼저 해야할 임무는 노동자 대중운동의 지도부인 개량주의자들을 물리치고 지도력을 확보하는 것이었다. 이는 자본주의를 압살하고 사회주의 사회의 기초를 놓기 위한 전제조건이었다. 그런데 이 임무는 양면성을 지니고 있다. 한 가지 특성은 혁명적 전위당을 건설하는 것이 노동계급을 정치적으로 분열시킨다는 것이고, 다른 한 가지는 전위당은 계급투쟁의 단결된 경제 조직인 노동조합을 통해서 노동 대중을 지도하려고 노력한다는 것이다. 혁명기에 전위당은 노동자 정부의 조직 기반인 소비에트를 통해, 단결된 노동계급이 권력을 장악할 수 있도록 이끌어야 한다.

민주집중제를 옹호하며

이 자리에 참석한 동지들에게 인사를 드린다. 내가 유럽을 방문한 것은 이번이 세 번째다. 1966년 런던에서 열린 제4인터내셔널 국제위원회 총회에 참석한 것이 첫 번째였고 1970년 11월 브뤼셀에서 열린 통합서기국(United Secretariat) 총회에 참석한 것이 두 번째였다. 두 번 다 나는 크게 두드려 맞지 않았다. 이제 나는 여러분들을 잡아먹을 참이다.

미국 스파르타쿠스동맹의 정치 원칙을 천명한 강령적 문서 한 항목과 관련하여 어느 동지는 "미국 스파르타쿠스동맹으로부터 배울 것이 하나도 없다"고 말했다. 그러나 나는 동지들로부터 배울 것이 많다고 생각한다.

---

* 이 글은 1973년 2월, 서독의 스파르타쿠스동맹 총회에서 미국 스파르타쿠스동맹의 지도자 제임스 로버트슨(James Robertson)이 연설한 내용을 요약한 것이다. 서독의 스파르타쿠스동맹은 독일국제공산주의자그룹에서 1972년 12월에 분리 독립하여 창립되었다. 이후 이 조직은 약간의 약세를 경험한 후 1974년 초에 독일국제공산주의자그룹과 다시 통합했고, 통합 조직의 이름은 스파르타쿠스단이 되었다. 이후 제임스 로버트슨이 주도한 국제스파르타쿠스단의 독일 지부는 창립 중핵을 스파르타쿠스단의 다양한 좌파 분자들로 구성했다―옮긴이.

동지들 조직에 대해 미국의 우리 조직이 상당한 조직적 노력을 기울인 이유는 다음과 같다. 1929년에 트로츠키가 '독일은 유럽의 중심'이라고 한 말은 지금도 유효하다. 1960년대에 유럽은 상당히 급진화되었다. 그리고 2차 세계대전 이래 처음으로, 혁명가를 자임하는 대학생 출신 청년층이 형성되었다. 1945년 독일 노동계급의 상태는 세계트로츠키주의 운동의 사기를 저하시키고 파블로주의(사회주의 혁명을 위한 세계정당인 제4인터내셔널을 해체하고 각국 지부들이 장기적인 전망을 가지고 스탈린주의나 개량주의 대중정당에 입당하여 이 정당들을 좌로 압박하여 혁명정당이 되게 만들자는 청산주의. 제4인터내셔널 국제서기였던 파블로는 이 노선을 주창하였고 결국 제4인터내셔널은 국제서기국과 국제위원회로 분열되어 이후 붕괴했다—옮긴이)를 등장시킨 중심적 요인들의 하나였다. 혁명 전망을 가진 수천 명의 독일 청년들은 새로운 그리고 심화되고 있는 제국주의 국가들 사이의 경쟁이 진행되고 있는 이 시기에 우리가 간직해야 할 소중한 혁명 잠재력이다. 이들이 중부 유럽의 선진 부위를 혁명 강령으로 획득하여 새로운 볼셰비키 당을 수립할 수 없다면 국제적으로 노동계급과 자본가 계급의 역관계는 계급투쟁에서 우리에게 지극히 불리할 것이다.

스파르타쿠스동맹뿐 아니라 아마 중심은 모택동주의를 신봉하는 청년들일 것인데 하여간 독일 청년층이 독일 노동계급의 선진 부위를 혁명 강령으로 획득해서 중부 유럽에 새로운 볼셰비키 전투정당을 건설하지 못하면 이 시기의 격심한 계급투쟁에서 제국주의 부르주아 계급과 노동계급 사이의 역관계는 우리에게 불리해질 것이다.

스파르타쿠스동맹은 활력과 자신감을 충분히 가지고 있다.

트로츠키주의자를 자임하는 세계 여러 나라의 동지들 사이에는 두 가지 유사한 문제가 있다. 하나는 스페인의 마르크스주의통일노동자당, 프랑스의 국제공산주의조직, 볼리비아의 혁명노동자당 등이 보이는 모습이다. 이들은 형식적으로만 볼셰비키주의자다. 다른 말로 하면 계급투쟁의 교훈들을 형식적으로만 소화했다. 물론 스파르타쿠스동맹은 여기서 제외된다. 하여간 아직 명확히 해결되지 않은 이 문제를 설명하자면 이 조직들은 볼셰비키의 조직 형식은 스파르타쿠스동맹보다 완전히 통달했지만 그 내용을 최소화하고 있다. 이들은 공동전선과 이와 관련된 현상들, 예를 들어 개량주의 노동자 조직에 들어가 활동하고 이를 통해 혁명분자들을 재결집시키는 활동 등을 자신의 임무로 상정하지 못한다. 트로츠키는 이 활동을 "노동계급의 토대를 부르주아 지도부에 반항하도록 만드는 것"이라고 불렀다. 그런데 이 동지들은 공동전선을 당과 분리시켜왔다. 그리고 예를 들어 이들은 프랑스에서 사회당과 공산당이 조직적으로 함께 모이는 것을 통해 과거의 혁명적 노동계급의 정치를 성취할 것으로 기대한다. 이들은 볼셰비키의 역할을 배제시키고 있다.

서독의 스파르타쿠스동맹은 약간 다른 문제를 가지고 있다. 1903년경 러시아 사회민주주의 운동의 형식과 정치관으로 회귀하는 경향이 그것이다. 동지들의 일부가 무지로 인해 이런 경향을 보인다면 그것은 투쟁을 통해 극복할 수 있다. 그러나 10월 혁명, 코민테른 창립, 코민테른의 첫 4차 대회들, 트로츠키주의 좌익반대파의 투쟁 등을 의도적으로 무시하고 이 역사적 교훈들로부터 등을 돌리는 동지들은 기회주의자 카우츠키가 될 가능성이 농후하다.

　여기서 당내 민주주의, 즉 내부 민주주의 그리고 과거 혁명가들 사이의 비판의 자유 등이 했던 결정적이고 중심적인 역할과 이것의 기능에 대해 설명해보겠다. 트로츠키주의 운동권에서도 내부 투쟁과 소수파의 역할 등을 필요한 사치라고 생각하는 경우를 종종 보게 된다. 반면 스탈린주의자들과 모택동주의자들은 이것을 불필요하며, 배신적인, 없어도 되는 사치라고 생각한다. 볼셰비키들은 무수한 오류를 범하긴 했지만 러시아 노동자들로 하여금 권력을 장악하게 했다. 이 문제와 관련하여 몇 가지 잘못된 것이 있다. 우선 우리가 완벽한 강령을 가지고 있으며 볼셰비키가 저질렀던 오류들을 범하지 않고 있다는 입장이 있다. 그런데 여기서 이해해야 할 것이 있다. 비록 역사의 특정 시점에 계급의 전위가 과거의 경험을 소화하고 일반화했을지라도 미래는 과거와 동일하지 않다는 것이다. 따라서 1900년에서 1903년 사이의 《이스크라》가 미래 볼셰비키와 멘셰비키의 씨앗을 가지고 있었듯이 미국 스파르타쿠스동맹은 온갖 다양한 가능성들을 가지고 있다. 그리고 우리의 축적된 이론과 경험을 적용시킬 결정적이며 예상하지 못한 새로운 사태에 직면하게 될 것이다. 이 때문에 당내 투쟁들을 통해 격렬하고 미리 정해지지 않은 온갖 가능성들이 현실화될 것이라고 예상해야 한다. 한편 오류를 범하고 원칙에서 벗어나는 동지들이 계속되는 투쟁 과정에서 이것들을 극복할 가능성도 있다. 따라서 스탈린주의자들이 주장하고 있듯이 당내 투쟁이 뭔가 이질적이거나 외부에서 수입되었거나 우리 외부에 존재하며 경찰 첩자들이 조작한 산물인 것은 아니다.

　따라서 노동계급의 혁명정당으로 살아남으려는 당에게 당내 투쟁은 반드시 필요하다. 그런데 혁명적 마르크스주의 운동의 축적된 경험들을 의도적으로 무시하고 이미 발전된 강령적 이론적 시야의 틀 속에서 활동하기를 거부하는 동지들이 있다. 이들에게 이 문제는 또 다른 성격을 가지고 있다.

카우츠키의 '계급 전체의 당' 개념과 이 변종들은 모두 의도적으로 비(非)혁명적이거나 궁극적으로 반혁명적이다. 이 수정주의 변종의 가장 최근의 그리고 가장 완벽한 대표는 막스 샤흐트만이다. 그가 가장 나중에 쓴 주요 논문 가운데 하나가 「미국 공산주의 운동: 과거의 재검토」다. 그는 공산주의의 원죄가 사회민주주의 운동의 좌파가 조직 분립을 한 것에 있다고 보고 있다. 이 사건은 1차 세계대전 도중과 이후에 일어났으며 노동계급의 정치 운동을 분열시켰다. 노동계급 운동 내부의 혁명적 사회주의자들이 개량주의, 기회주의의 역할을 다르게 이해하면서 이 분열이 발생했다고 샤흐트만은 생각하고 있다.

샤흐트만은 1908년 무렵까지의 레닌을 대단히 호의적으로 인용하고 있다. 특히 그는 혁명가들이 '비판의 자유, 행동의 통일'을 따르기만 했어도 노동계급 정당은 단결되었을 것이라고 말한다. 그는 레닌이 기회주의를 노동운동의 일시적이며 부차적인 측면으로 이해했다고 주장한다. 볼셰비키들은 자기들이 소수파인 지역에서는 멘셰비키에 복종하여 입헌민주당에 표를 던지고 다수파인 지역에서는 사회민주주의 후보에 표를 던지거나 다른 선택의 여지가 없을 때 선거에서 기권해야 한다고 레닌은 주장했다. 레닌의 이 입장을 샤흐트만은 칭송하고 있다. 그는 사민주의자가 되었기 때문에 볼셰비키 분파의 정책이 변화, 발전한 이유를 탐구하지 않는다. 다만 레닌이 입장을 바꾼 것이 노동운동 분열의 일종의 원죄가 되었다고 설명할 뿐이다.

《이스크라》가 창간되고부터 1912년 볼셰비키 당이 건설될 때까지 볼셰비키 분파는 사회민주주의 운동의 혁명 분파에서 맹아적 공산주의 조직으로 발전했다. 초기 러시아 혁명적 사회민주주의의 모델은 독일사민당이었다. 볼셰비키 분파는 차르 체제에 대항하여 혁명을 수행하려는 결연함 속에서 이론적 모델을 앞질러 혁명적 실천을 했다. 그리고 이들의 조직적 실천은 더 뒤처져서 비합법 조건 속에서는 매우 경험주의적이었다.

러시아 사회민주주의 운동이 재통합된 1905년부터 1907년까지의 시기에 레닌은 당에 개량주의자들과 혁명주의자들이 공존하는 것을 인정했다. 물론 지금은 레닌주의자라면 누구나 그것을 즉시 거부할 것이다. 그렇다고 우리가 마르크스나 레닌보다 더 똑똑한 혁명가인 것은 아니다. 우리는 다만 그들의 경험을 통해 현재의 정치 문제들을 바라볼 수 있을 뿐이다.

이와 관련지어 히일리, 울포스 등과 우리 사이의 주요한 이견들 가운데 하나가 바로 이것이다. 히일리는 혁명 지도자로서 자신이 매일 그리고 모든 면에서 향상되고 있으며 레닌보다 더 낫다고 생각하고 있다. 그 오만함 앞에서 말이 나오지 않는다.

진리는 역사에 의해 제약된다. 즉 코민테른 첫 4차 대회들이 표현한 공산주의 전망은 역사적으로 중요하며 성공한 혁명적 노동계급의 상승에 기초하고 있었다.

이 대대적인 혁명적 성취와 함께 이와 비견되는 이론적 돌파구와 일반화가 가능했다.

1919년부터 1923년까지 코민테른의 노동계급 전위가 보유한 이론적 시야는 마치 산 정상에서 확보되는 시야처럼 보인다. 그러나 그때 이후 트로츠키주의 좌익반대파의 투쟁부터 트로츠키의 사망과 이후까지 노동계급은 주로 패배만을 경험했으며, 혁명 전위는 규모가 축소되거나 다수의 국가들에서 아예 분쇄되어버렸다. 현실 인식 능력과 현실 변화 능력은 분리될 수 없다. 그리고 지금 우리가 현실을 변화시킬 수 있는 능력은 코민테른의 영웅적 시기에 비교하면 아주 작다.

볼셰비키는 노동계급 내부의 정치 분화가 노동계급 혁명 승리의 전제조건이라고 인식했다. 이 인식은 이들의 위대한 업적 가운데 하나다. 1914년 8월 4일경에 이들은 이 점을 인식했다. 그러나 이 인식은 이론적으로 또는 국제적으로 일반화되지 못했다. 당시 독일의 혁명 좌익은 이 교훈을 소화시키지 못했기 때문에 룩셈부르크와 리프크네히트 등의 지도자를 잃고 혁명에 실패하는 대가를 치렀다.

노동자주의와 '비판의 자유'

동지 여러분, 동지들의 총회에 대해 환영 성명서를 채택하면서 미국 스파르타쿠스동맹은 레닌주의 조직 형식에 대한 자신의 이해 정도를 다음과 같은 정의를 통해 보여주었다. "동지들과의 투쟁을 통해 자신의 강령이 다수를 획득하도록 노력한다; 혁명적 마르크스주의 조직의 다수파가 되기 위해 조직 밖의 후진적이고 타(他)계급적 분자들을 동원하는 자는 공산주의자가 아니다. 바로 이것이 공산주의자의 기본 원칙이다." 이 원칙에서 벗어날 경우 즉시 계급의 후진층을 조직하여 당, 특히 그 다수파에 대항하는 범죄 행위를 저지르게 된다. 멘셰비키와 볼셰비키의 1906년 통합 러시아 당이 내건 원칙인 '비판의 자유, 행동의 통일'과 관련하여 말해보겠다. 장기적으로 보면 이 원칙은 필연적으로 계급 대중 속으로 당을 해소시킨다.

미국에는 노동자주의의 특수한 변종이 있다. 프랑스의 노동자투쟁그룹과 연계되어 있는 엘런즈그룹, 레닌주의 분파의 다수파가 드러내고 있는 반(半)노동조합주의 경향이 이것이다. 노동계급은 자연 상태에서 순수한 노동자의 엑기스를 가지고 있다고 이들은 생각한다. E. P. 톰슨이 쓴 『영국 노동계급의 형성』이라는 아주 좋은 책이 있다. 이 책의 첫 몇 단락에서 저자는 '노동계급을 자본주의 사회에서 분리된 계급으로 볼 수는 없다'고 말하고 있다. 노동계급은 경제적 맥락뿐 아니라 사회적 관계 전체를 통해서 파악할 수밖에 없다. 노동계급 가운데에는 후진층도 있으며, 대부분의 나라에서 사민주의 대중정당이나 스탈린주의 대중정당을 지지하는 노동자들은 상대적으로 선진층에 속한다.

미국 같은 나라의 노동계급은 대부분의 경우 대단히 후진적이다. 그러나 이들은 노동계급의 전위가 대표하는 역사적 이해의 관점에서만 후진적이다. 이들은 부르주아 사상과 관련시킬 경우 선진적이다. 종교, 알코올 중독, 남성 우월주의, 가장 극악한 형태의 인종주의 등은 계급투쟁과 노동계급 전위가 존재하지 않을 경우 노동 대중을 지배한다. 노동자주의를 신봉하는 자들은 이 점을 인식하지 못하고 순수한, 오염되지 않은, 고립된 노동계급을 상정한다. 동시에 이들은 급진 노동자들, 생각보다 크게 탈계급화되지 않은 급진 지식인들이 전위당을 구성한다고 생각한다.

국제사회주의자들의 중심 정당인 토니 클리프의 영국 조직은 최근 노동자주의로 변모했다. 세계에서 가장 완벽한 중도주의자들을 모아놓은 국제사회주의 경향은 정치적 유행을 열성적으로 따른다. 몇 년 전까지만 해도 이들은 노동당을 매우 지지하여 자기 신문을 《노동 노동자》라고 했다. 지금 이들은 노동당에 크게 반발하여 이 정당의 노동계급적 성격을 부인하고 있다. 이제 이들의 신문은 《사회주의 노동자》다. (지난 3~4년에 걸쳐 유럽의 파블로주의자들도 이와 유사하게 변모했다.)

토니 클리프의 노선을 설명하기 위해 잠시 배경 지식을 말했다. 자신이 한때 숭배했던 노동당이 미워서 그는 노동자들의 영혼과 결합하기를 원한다. 그래서 그는 자기 조직에서 출판한 『당과 계급』에 「대리주의에 대한 트로츠키의 언명」이라는 글을 실었다. 이 글을 인용해보자.

혁명정당과 계급 대중은 각각 독자적 이해를 가질 수 없다. 이 때문에 이 정당의 모든 정책은 계급의 정책이며 계급이 보는 앞에서 공개적으로 논의되고 시험되어야 한다. 공장 모임에는 토론의 자유가 있고 이를 통해 행동 통일이 도모된다. 이 원칙은 혁명정당에도 적용되어야 한다. 정책의 기본 쟁점들은 모두 공개적으로 신문을 통해 논의되어야 한다. 노동자 대중이 이 논의에 참여해야 한다. 이를 통해 이들은 당, 당 기구, 당 지도부를 압박해야 한다.

이 주장에 대해 말하려고 보니 우선 황당하다는 생각이 든다. 부문, 인종, 민족 등의 후진성을 가진 계급 전체가 혁명 전략의 문제들을 결정해야 한다는 이 생각은 진짜 한심스럽다. 일종의 경제적 공동전선인 노동조합 또는 정치적 사안으로 수립된 공동전선에서 투쟁에 참여한 모두는 자유롭게 상대방을 비판할 수 있다. 그것은 당연히 필요하다. 그러나 성직자를 따르는 노동자, 스탈린주의 노동자, 사민당 노동자 등이 혁명적 마르크스주의자들의 정책을 결정하기 위해 이들을 압박해야 한다니 말이 되는가. 이런 사고방식은 핵폭탄이 인류 문명을 끝장내서 이 문제를 제거할 때까지 자본가계급의 권력을 유지시킬 것이다.

민주집중제의 '예외들'

동지들의 총회를 환영하는 성명서에서 미국 스파르타쿠스동맹은 혁명가들 사이에서 지켜지는 민주집중제의 적용과 관련하여 일부 예외가 있다는 것을 지적했다.

당의 형태가 혁명적 마르크스주의 강령에 중심적으로 조응하지 않을 때가 이 경우에 속한다. 1차 세계대전 직후 제2인터내셔널의 대규모 정당들이 분열하여 제3인터내셔널로 넘어갔다. 프랑스, 독일, 체코슬로바키아, 이탈리아, 미국 등이 이 경우다. 우리는 폴란드사회당의 좌파도 획득했다. 이 전환기에 당과 강령 사이에는 큰 격차가 존재했다.

혁명가들이 개량주의나 중도주의 조직에 들어가는 경우도 이와 대단히 유사하다. 이 경우에도 우리는 공개 토론의 최대한의 자유와 행동의 최소한의 통일을 위해 투쟁할 것이다. 진정으로 대중적인 정당 특히 권력을 장악한 정당의 내부와 외부 사이의 구분이 모호할 경우가 또 다른 예에 해당된다. 이 경우에 대해 나는 「민주집중제의 원칙에 대하여: 비판의 자유, 행동의 통일」이라는 글을 조금 전에 제출한 바 있다. 이 글에서 트로츠키는 인용문을 통해 이렇게 말했다. "볼셰비키주의의 전체 역사는 경향들과 분파들이 자유롭게 투쟁해온 역사였다." 이것은 완벽하게 올바른 인용이다. 그러나 이 내용은 오해를 불러일으킨다. 이 시기에 대해 연구를 한 레닌주의 분파의 바브라 그레고리치도 인정하고 있듯이 이 시기 모든 저작에서 트로츠키는 당 내부에서의 토론의 자유를 말했다.

이 점을 명확히 보여주는 인용문이 있다. 『트로츠키 저작집 1932~3년』에서 트로츠키는 이렇게 말했다. "볼셰비키 당내 민주주의의 핵심인 당내 비판의 원칙 속에서 소수파는 다수파의 정책을 비판했다. 그리고 그들은 그로 인해 탄압받았다." 지금 나에게 건네진 쪽지에는 「이행 강령」에서 따온 인용문이 있다. "내부 민주주의가 없으면 혁명의식도 없다."

그러나 예외적인 상황은 아직 전부 얘기되지 않았다. 1940년 미국의 사회주의노동자당에서는 샤흐트만과 버넘이 주도하는 분파가 조직을 나갈 것이라는 예상이 있었다. 2차 세계대전 전야에 이들의 조직 분립으로 당은 반쪽이 났다. 이들을 추종한 다수의 청년들은 조직 분립이 수정주의 편향이 아니며 더 크고 더 좋고 더 빠른 혁명 정당을 건설할 것이라고 믿었다. 공식적인 단결의 틀 내에서 약간의 시간을 벌기 위해 트로츠키와 캐넌은 이 소수 분파를 당내에 남아 있게 하기 위해 대단히 큰 양보 조치를 취했다. 물론 이들이 당을 나가는 것을 막는 것은 불가능했다. 그러나 트로츠키를 지지한 다수파는 이것은 '편안한 조직적 조건 속에서 소수파 일부가 조직 분립을 재고할 시간을 주기 위해 제공되는 일시적이고도 특별한 양보 조치'라는 점을 명확히 했다. 덩치 큰 소수파였던 독일국제공산주의그룹이 조직 분립을 시도했을 때 동지 여러분은 특별한 양보 조치를 취할 수도 있었다. 따라서 두 상황은 공통점이 있다. 그러나 견해 차이를 공개적으로 표명하는 것이나 특별 내부 토론집을 발간하는 것이나 모두 안정적이고 건강한 당내 상황은 아니다.

나는 이런 것을 영구적으로 보장하는 조직에 있어본 적이 있다. 1954년부터 1957년까지 존재한 샤트만의 청년 조직인 사회주의청년동맹(Young Socialist League)이 그런 조직이었다. 볼셰비키 식 전체주의를 두려워한 자유주의자들을 끌어들이기 위해 이 조직은 규약에 '비판의 자유'에 대한 다수의 민주적 발언들을 삽입했다. 그런데 3년 후 좌파가 형성되기 전까지 아무도 이 조항들을 이용하지 않았다. 그때 우리는 좌파 신문을 발간했다. 이것은 내부 신문이었을 뿐 아니라 분파의 공개 신문이었다. 다른 의미로 이것을 받아들이기는 힘들었을 것이다. 그리고 실제로 이것은 조직 분립을 위한 신문이었다. 결판이 벌어졌을 때 다수파는 규약의 수정 조항을 22개나 통과시켜야 했다. 물론 이 새로운 제약 조건들은 골칫거리인 트로츠키주의자들을 통제하기 위해서만 필요했다. 우파 사민주의자들은 비판의 자유를 계속 행사할 수 있었다.

이제 문제의 핵심을 건드릴 때가 되었다. 견해 차이를 조직 바깥으로 유포시키는 이유는 도대체 무엇인가? 이를 통해 조직의 적들을 결집시키는 이유는 무엇인가? 샤흐트만이 원했던 것이 바로 이 것이었다. 미국의 급진 자유주의자들은 히틀러와 스탈린이 2차 세계대전 직전 불가침 조약을 체결하자 소련을 아주 맹렬하게 비판했다. 이 소부르주아 여론에 매우 민감했던 사회주의노동자당 분자들은 자신들이 다른 트로츠키주의자들만큼 극악하지는 않다는 점을 증명하고 싶었다. 대개 당내 문제를 혁명정당 밖으로 가지고 나가 공개하려는 자들은 항상 이렇게 생각한다.

거대한 혁명적 격동기에는 노동계급 대중이 약간 굼뜬 혁명정당보다 앞서 나갈 수 있다. 2월 혁명과 10월 혁명 사이에 레닌은 여러 번 이 상황을 맞이했다. 중앙위원회의 보수적 반대에 부딪치자 그는 모든 당직을 사임하고 노동자들을 직접 설득하겠다고 위협했다. 이것은 당내 비판의 자유가 아니다. 이것은 조직 분립과 제2의 정당 창당을 의미했다. 그리고 레닌은 이것을 알고 있었다. 충분한 정도의 정치적 명확성과 조직 분립의 필요성이 있을 경우 이것은 범죄가 아니다. 이것은 살아 움직이는 정치과정의 일부일 뿐이다.

이제 국제관계에 대해 아주 간략하게 얘기해 보겠다. 작년 미국 스파르타쿠스동맹에서는 파벌 싸움이 폭발했다. 우리의 민주집중제가 작년의 토론을 통해 구체적으로 관료적 히일리주의나 그와 유사한 것으로 폭로되었다고 흄 동지는 말했다. 이 문제를 약간 구체적으로 얘기해보겠다. 물론 어떤 동지는 정치적 내용이 하나도 없는 이 지저분한 조직 문제에서 손을 떼는 것이 좋을 것이라고 경고했다. 그러나 나는 역으로 뒤집어 이것을 구체적으로 말하겠다고 생각했다. "파울 레비는 탄압을 받았고 나도 마찬가지다"라고 어떤 동지가 갑자기 일어나 말할 때 이것은 정치적으로 중요한 문제다.

우리 주위에서 벌어진 이 권력 투쟁을 연속적으로 분석하려는 시도를 우리는 세 번이나 한 적이 있다.

조직을 나간 파벌주의자들인 레닌주의 분파가 발행한《전위 소식지》와 동지들 조직 사이의 관계에 대해 이야기해보겠다. 이것은 원칙에 어긋나는 연합이고 흔히 "썩어빠진 연합"이라고 불린다. 오늘 강연을 준비하기 위해 나는 쪽수가 많은 노트를 준비했다. 이 속에는 이 연합을 체결한 동지들이 공유하지 않은 정치적 지점들 전부의 목록이 들어 있다. 이 파벌주의자들은 트로츠키에 대항하여 샤흐트만이 1940년에 벌인 분파투쟁이 승리했다고 믿고 있는 듯하다. 그러나 거명된 다른 동지들은 그렇게 믿지 않고 있다. 레닌주의 분파는 제5인터내셔널을 촉구했다. 이 논리는 1921년 러시아의 노동자 반대파가 제4인터내셔널을 촉구한 것과 핵심적으로 동일하다.

이 촉구에 대해 그리고 정반대의 입장에서 제4인터내셔널 수립을 촉구한 독일국제공산주의자그룹에 대해 언젠가 토론할 시간이 있으면 좋을 것이다. 각자는 나름의 방식으로 공유하는 것이 있다. 최소한 1938년부터 지금까지의 혁명 운동의 경험을 연구하기를 거부하는 것이 바로 이것이다. 이들에게 이 거대한 역사적 경험은 무의미하다.

이 연합이 가지고 있는 또 하나의 모순은 터너의《전위 소식지》가 거의 전적으로 노동자동맹, 사회주의노동자당, 스파르타쿠스동맹 등을 비판하고 이들의 회원들에게 호소하면서 자기 조직으로 혁명 조직의 재편이 이루어지길 원하고 있다는 것이다. 홈 동지는 미국 스파르타쿠스동맹이 무의미한 조직이라고 말했다. 노동계급에게 별 의미가 없는 활동가들로 구성된 조직들을 자기 편으로 끌어들이

려고 애쓰고 있다는 것이다. 터너 동지는 무슨 일을 하고 있는지 모르겠다. 그 자신이야말로 스파르타쿠스동맹을 획득하려고 애를 쓰고 있지 않은가. 물론 레닌주의 분파는 아주 다른 전망을 가지고 있다. 엘런즈그룹의 노선을 따라가면서 이 분파의 지도자인 바브라 그레고리치가 진정으로 하고 있듯이 현장 노동자들 속에 파묻힐 가능성이 크다.

적어도 파벌주의자들 일부는 이미 공산주의 진영에서 이탈했다. 그런데 여러분의 조직은 이런 분자들을 선호해온 기록을 가지고 있다. 여러분 가운데 두 명은 이번 여름에 미국 스파르타쿠스동맹의 등 뒤에서 몰래 모어를 만나 그와 정치적으로 밀접히 연합했다. 여러분들은 지금 이런저런 파벌주의자 그룹들과 통합하고 미국 스파르타쿠스동맹 지도부를 몰아내고 나머지 분자들도 흡수할 전망을 적극적으로 모색하고 있다. 이런 프로젝트가 우리의 마음을 따뜻하게 만들지 못한다는 것은 말할 필요도 없다. 그리고 이런 연합이 어떤 강령을 가질 것인지 나는 알고 싶다. 여러분들의 새로운 조직은 국제사회주의자들 조직의 복사판이 될 것이다.

조직은 오류를 범할 수 있다. 그리고 아주 심각한 오류를 범하고 이로부터 회복할 수도 있다. 트로츠키는 8월 연합을 체결했는데 이것은 아주 나쁜 연합이었다. 겉으로는 좋아 보이는 생각에 기초하여 이 연합은 구상되었다. 즉 1905년 혁명의 모든 경험들을 무시하고 사회민주주의 분파 전부를 소집하여 당이 재창당될 수 없는지를 확인하려고 하였다. 모든 분파들이 참석하는 협의회가 소집되었다. 볼셰비키의 주요 부위는 참석을 거부했다. 그 때문에, 참석한 분파들은 자신들의 의지와는 상관 없이 볼셰비키를 반대하는 듯한 결과를 낳았다. 일부 초좌익 볼셰비키들은 참석했다. 멘셰비키 분파의 일부 분자들도 참석했다. 그리고 트로츠키와 같은 출중한 개인 당원들도 참석했다. 나중에 트로츠키는 이것이 자기 인생 최대의 정치적 오류였음을 인정했다. 그러나 정치적 오류들을 극복할 가능성을 제공하는 조건이 처음에는 있었다. 동맹자들에게 아무리 당혹스럽다 하더라도 상황에 대한 정확한 인식을 가차 없이 추구할 용의가 이것이었다. 미국의 연합은 여러분의 연합보다 낫다고 동지들은 믿고 있는 것 같다. 이것은 논쟁거리다. 동지 여러분은 미국 스파르타쿠스동맹 내부의 분파투쟁에 대해 거짓 정보를 가지고 있다. 이 점을 나는 이미 지적했다. 그런데 여러분이 이 거짓 정보의 일부가 진실이라고 계속 믿고 있고 이 믿음을 계속 정당화한다면, 그것은 오류가 아니라 의도적인 기회주의다. 동지 여러분들은 국제토론집을 통해 미국 스파르타쿠스동맹 내부의 사건들을 묘사한 문서들을 출판했다고 나는 알고 있다. 그러나 파벌주의자들이 보증을 선 이 문서들은 내용이 확실히 잘못되었다. 여러분의 중앙위원회와 논의하고자 하는 문서의 인용문들을 나는 한 쪽 분량이나 가지고 있다.

이것을 읽고 번역할 시간은 정말이지 충분하지 않다. 이 종이 한 쪽에 들어 있는 내용은 오류처럼 단순히 틀린 것이 아니라 의도적으로 왜곡되어 있다. 스파르타쿠스동맹의 오류나 어리석음에 대한 비난이 아니라 정직하지 못하다는 비난을 담고 있다. 만약 선거 유세 중 독일사민당을 엿 먹이기 위해 독일 스파르타쿠스동맹이 독일 공산당으로부터 돈을 받았다고 여러분 가운데 어느 동지가 비방의 글을 썼다고 가정해보자. 이때 미국에 있는 우리 조직이 자체 토론집에 이 글을 싣는다면 여러분들은 분노할 것이다. 이와 똑같은 감정을 미국의 스파르타쿠스동맹이 가지고 있다. 그러나 우리가 좋아하지 않는 일들이 이 세상에는 많이 있다. 그것은 별로 중요하지 않다. 수많은 혁명 조직들의 신문이 '진실'이라는 말을 이름으로 채택해왔다. 러시아어의 프라우다, 프랑스어의 베리떼 등. '진실'이라는 단어를 괜히 사용하는 것이 아니다. 현실을 직면하고 진실을 보지 못한다면 의도성, 기회주의, 동지들 전부 또는 일부의 행동 뒤에 감추어진 우익적 성향에 대한 갈망 등이 존재한다.

동지 여러분, 결론을 말하자면 미국 스파르타쿠스동맹은 여러분의 미래를 대단히 진지하게 생각하고 있다. 왜냐하면 여러분들은 세계 혁명의 주요한 부분을 책임져야 하기 때문이다. 여러분이 이 책임을 질 것이냐 아니냐는 대체로 여러분들 자신의 문제다.

레닌과 트로츠키는 프롤레타리아 혁명 승리의 조건으로 지배계급의 분열, 중간계층의 체제 이반, 노동계급의 전투성과 혁명성, 혁명정당 등 네 가지를 꼽는다. 그 중 결정적인 것이 혁명정당의 존재 여부다.

앞의 세 가지는 사회 구성원 전체 또는 대부분이 자본주의 체제에 대한 믿음을 상실하고 공황 상태에 빠져들며 그 중 노동계급은 새로운 체제를 갈망하는 것을 의미한다. 그것은 사실 혁명가들의 주관적 노력으로 어찌해볼 수 있는 것이 아니다. 혁명이라는 거대한 역사적 이벤트는 몇몇 위대한 지도자의 놀라운 웅변술이나 개별적 설득으로 발생하지 않는다. 사회 구성원 대부분이 기존 체제로부터 이반하는 것에는 개별적 설득이 아니라, 사회 상황에 의한 집단적 설득이 배후에 있다. 그 집단적 설득은 지도자 몇몇이 아니라 모순으로 가득 찬 이 체제 스스로가 대규모로 해낼 것이다.

자본주의 체제는 자체로는 해결할 수 없는 필연적 모순을 가지고 있다. 그 모순은 끊임없이 축적된다. 그러다가 어떤 순간이 되면 그

모순은 공황이나 전쟁 등으로 폭발하며 분출된다. 그 폭발은 주기적이고 파상적으로 찾아온다. 사회 구성원은 그럴 때마다 자신들이 처한 사회 전체를 근본적으로 살펴보게 되고, 급격히 왼쪽으로 움직인다. 문제는 그때 올바르고 단호한 태도로 혁명적 대안을 향해 이끌 혁명정당이 존재하는가다.

러시아 혁명은 그 마지막 조건을 충족시켰던 유일하고 모범적인 사례였다. 러시아 혁명이 성공할 수 있었던 것은 과학적 사상과 엄격한 규율로 무장하고 일정한 규모를 갖춘 노동계급의 혁명정당이 있었기 때문이고, 그 정당은 레닌이라는 위대한 지도자가 주축이 되어 성장시켰다.*

세계적으로 그리고 각 나라에 주기적이고 파상적으로 찾아온 체제 위기와 혁명적 기회는 상당했다. 하지만, 자본주의 체제는 대부분의 위기를 극복하며 살아남았고, 그후엔 다시 어느 정도만큼의 활력을 보충해왔다. 그런 데에는 노동계급 내부의 친자본주의 분파의 역할이 결정적이었다. 노동계급 내부의 친자본주의 분파는 그 위기 때마다, 더 이상 참지 못하고 분출한 노동계급을 잘못된 방향으로 이끄는 역할을 해왔다. 노동계급 내부의 친자본주의 분파 두 축은, 체제 내 개량을 추구하는 사민주의와 체제투항적 인민전선 정책을 추구하는 스탈린주의다.

이 책『레닌과 전위당』은 프롤레타리아 혁명 승리의 마지막 단추

---

* 볼셰비키 형태의 노동계급 전위가 이끌지 않은 북한, 중국, 베트남, 쿠바 등에서 제국주의에 맞선 민족해방 투쟁의 결과 사적소유가 철폐되고 '기형적이지만' 노동자국가가 수립된 것도 러시아 혁명 승리의 후과라고 평가해야 한다. 러시아에서 사적소유를 철폐한 혁명이 이미 존재하지 않았다면, 그 나라들의 사회격동은 사적소유 철폐로 나아가지 못하고 필연적으로 유산되었을 것이다.

인 전위당 노선이 왜 그리고 어떠한 과정을 통해 도출되었는지를 논증한다.

* * *

전위당 노선의 핵심은 기회주의와의 단절이다. 자본가계급과 단절하고 그로부터 독립된 노동계급 정당만이 아니라, 노동계급 내부 친자본주의 분파와 단절해야 노동계급 혁명을 승리로 이끌 수 있다는 이론이다. 많은 비판자들이 전위정당을 대중정당에 대립되는 것으로 묘사한다. 그러나 이는 잘못된 시각이다. 사회 구성원 다수의 지지를 얻지 못한다면, 그리하여 대중정당이 되지 못한다면, 제아무리 과학적이고 올곧은 정치노선을 지닌 전위정당이라도 혁명을 성공으로 이끌 수 없다. 따라서 혁명정당은 '대중적' 전위정당이어야 한다. 기회주의와의 차이점은 그 대중성을 추구하는 방식에 있다. 기회주의가 승리의 원칙을 저버리고 정치노선을 대중의 현재 의식에 영합하여 대중성을 획득하려 하는 데에 반해, 전위당은 대중의 현재 의식이 아니라 객관적 처지에 근거하여 강령을 제시하고, 그 의식을 혁명적 수준으로 끌어올려 대중성을 획득하려 한다는 점이 다르다.

* * *

전위당 이론은 '레닌 시대', 즉 자본주의 최고/최후의 단계인 제국주의 시대 노동계급의 조직적 실천의 총화다. 레닌을 중심으로 한 노동계급의 볼셰비키 분파는 자본주의가 자신의 체제를 유지하기 위하여 어떻게 노동계급의 협조를 얻어내는지, 그 물적 토대는 무엇인지, 노동계급의 혁명적 단결은 어떻게 이루어지는지를 이론적으로 확립했고 러시아 혁명이라는 실천을 통해 입증했다.

1914년 발발한 1차 세계대전과 당시 사회주의자를 자처하던 독일·프랑스 사회민주당의 내로라하던 '혁명인사'들이 이미 수립된 노동계급의 원칙을 배신하고 자국 제국주의를 지지했던 역사적 사건을 통해 결정적으로 도출되고 확인된 인식이었다.

그러므로 이 책은 또한 레닌을 고정적인 관점으로, 즉 태어날 때부터 '레닌주의자'였던 것으로 보는 관점을 반대한다. 모든 이론은 특출한 천재 개인의 초시대적 발명품이 아니라 시대의 집단적 실천의 산물이다. 즉 이전 역사의 실천으로 조건 지어진 그 시대의 특수한 상황과 그 시대 사회 구성원들의 실천을 과학적으로 분석하여 법칙성을 추출해낸 결과물이다. 물론 그렇다고 천재 개인의 역할을 폄하해서는 안 된다. 마르크스, 엥겔스, 레닌, 트로츠키 등 또는 뉴턴이나 아인슈타인 등 그 시대의 천재는 누구보다 빨리 그 정수를 포착하고 그것을 가장 정교하고 치밀한 형태로 표현해낸다.

실천과 이론의 이 같은 변증법을 누구보다도 잘 이해한 이론가가 또한 레닌이었다. 마르크스의 국가관이 선험적인 것이 아니라, 1848년 혁명과 1871년의 파리 코뮌 등 당대의 역사적 사건을 통해 발전되었다는 것을 레닌은 그의 빛나는 저작 『국가와 혁명』에서 설명한다.

'레닌주의' 역시 마찬가지다. 레닌은 위대한 천재였지만, 레닌의 사상(레닌주의)은 레닌 개인의 초시대적 발명품이 아니다. 마르크스주의 연속성 위에 있지만, 이전 시대와 구별되는 레닌의 독특한 업적의 배후에는 제국주의라는 특수한 역사적 조건이 있었다. 제국주의 분석과 그를 통한 노동계급 내부 기회주의의 물적 토대 분석, 기회주의와의 단절을 핵심으로 하는 전위당 이론, 러시아 혁명을 통해 입증된 제국주의 시대의 혁명 이론, 즉 부르주아 혁명 단계를 거쳐야 한다는 2단계 혁명론의 거부 등 이전 시대와 구별되는 레닌주의의 핵심에는 '제국주의'라는 특수한 역사적 조건이 있었고 그 결정적 사건은 1914년 발생한 1차 세계대전이었다.

* * *

레닌은 『국가와 혁명』 1장에서 기회주의자들에 의해 마르크스와 엥겔스의 혁명사상이 속류화되는 것을 다음과 같이 질타한다.

"현재 마르크스 이론에 대해서 자행되고 있는 탄압은, 역사 과정 속에서, 해방을 위해 투쟁해온 모든 혁명적 사상가들과 피억압계급의 지도자들의 이론에 대해 다반사로 자행되어왔던 일이다. 위대한 혁명가들은 살아생전에는 억압계급의 끊임없는 탄압을 받았고, 그들의 이론은 허위와 중상모략에 가득 찬 가장 야만적인 적의와 가장 표독스러운 증오, 그리고 가장 파렴치한 구호로 대접을 받았다. 그뿐만 아니라 그들이 죽은 후에는 천진스러운 우상으로 변질되어 신성시되고, 그들의 명성은 어느 정도 피억압계급을 회유하는 데에 쓰이는 위안의 후광으로 둘러싸여지거나 후세를 기만하는 수단으로 숭배되는 등 결국에는 음모의 대상이 되어버린다. 동시에 그들의 혁명이론은 그 실체를 박탈당하고 속류화되며 혁명이론이 지니는 무기로서의 예리함은 무디어지고 만다. 오늘날 부르주아지와 노동운동 내의 기회주의자들은 이와 같은 마르크스주의 왜곡조작에 함께 가담하고 있다. 그들은 이 이론이 지니고 있던 혁명적 측면과 혁명적 정신을 제거하거나 불투명하게 만들며 왜곡하고 있다. 그들은 부르주아지가 받아들이거나 받아들일 것 같은 부분만 내세우고 찬양한다. 모든 사회배외주의자들은 지금 현재 '마르크스주의자들'이다(독자 여러분, 웃지 말길!). 그리고 왕년에 마르크스주의를 파괴시키는 데만 전문가였던 독일의 부르주아 학자들은 이제 마르크스를 '애국적인 독일인'이라고 운운하면서, 현재 약탈적인 전쟁을 수행하기 위하여 축제 분위기 속에서 화려하게 조직되고 있는 노동조합을 마르크스가 가르친 것이라고 주장하고 있는 바, 이보다 더 어처구니없는 일이 이 세상에 또 어디 있겠는가!"

진지한 선진 활동가라면 레닌이 묘사하는 100년 전이 지금과 너무 똑같다는 것을 발견할 것이다. 그러므로 이 긴 인용에 공감할 것이라고 기대한다.

이제 레닌의 사상이, 이 시대 기회주의자들에 의해서 "천진스러운 우상"이 되고, "실체를 박탈당하고 속류화"되고, "혁명이론이 지니는 무기로서의 예리함은 무디어지"는 대상이 되고 있다. 마르크스와 레닌의 가르침을 정면으로 거부함에도 불구하고 그들은, 마르크스와 레닌의 이름을 한사코 놓으려 하지 않는다. 그런 방식으로 그들은 노동계급을 또 한 번 모욕하고 고통스럽게 한다. 사상을 저버리면서 그 사상가들의 이름을 버리지 못하는 기회주의자들의 이율배반은 선배 혁명가들에 대한 일말의 존경심이 남아 있어서 때문이 아니다. 그것은 "그들의 명성"이 "어느 정도 피억압계급을 회유하고" "후세를 기만하는" 데에 유용하기 때문이다.

혁명조직이었던 스파르타쿠스동맹이 펴낸 이 책 『레닌과 전위당』은, 레닌의 전위당 이론의 "혁명적 정신을 제거하거나 불투명하게 만들며 왜곡"하려는 기회주의 시도에 대한 의미 있는 반격의 하나가 될 것이라고 기대한다.

볼셰비키그룹